# Tienes un Ferrari en el garaje

# MÓNICA VICENTE TAMAMES

# Tienes un Ferrari en el garaje

## Encuéntrate al final del camino

Grijalbo

Papel certificado por el Forest Stewardship Council®

Penguin
Random House
Grupo Editorial

Primera edición: septiembre de 2021

© 2021, Mónica Vicente Tamames
© 2021, La Re-ZETA (www.la-rezeta.com)
© 2021, Tino Fernández, por el prólogo
© 2021, Penguin Random House Grupo Editorial, S. A. U.
Travessera de Gràcia, 47-49. 08021 Barcelona

*Printed in Spain* — Impreso en España

ISBN: 978-84-253-6081-7
Depósito legal: B-9.063-2021

Compuesto en Pleca Digital, S. L. U.

Impreso en Black Print CPI Ibérica
Sant Andreu de la Barca (Barcelona)

GR 6 0 8 1 A

*A ti, que, por una u otra razón,*
*estás en el lugar equivocado*

# Índice

# Prólogo

Desde niño he sentido una fascinación especial por los coches de la marca Ferrari debido a una serie de televisión llamada *Magnum PI* donde un joven detective, interpretado por el actor Tom Selleck, conducía un Ferrari 308 GTS rojo por la isla de Hawái persiguiendo a los malos para meterlos en la cárcel.

Los Ferrari son creaciones realmente admirables. Se trata de coches de altas prestaciones concebidos para alcanzar velocidades impresionantes gracias a su potencia, y además son sumamente bellos. Su excepcional y lujoso diseño los hace únicos en el mercado y son el orgullo de sus propietarios, que no dudan en exhibirlos siempre que pueden, despertando la admiración ajena.

Cuando conocí a Mónica (Món, como la llamamos sus amigos) hace casi veinte años ya, me pareció un Ferrari por la vida circulando a 250 kilómetros por hora, con la capota abierta y sin despeinarse. Ambos teníamos entonces veintitantos años. Era preciosa, elegante, culta, tenía buen gusto pero, sobre todo, era muy inteligente y exitosa. Tenía incluso una de las paredes de su casa pintada de rojo, el color por excelencia de la marca Ferrari. Y eso no es muy habitual...

De orígenes humildes, Món siempre se esforzó mucho por lograr resultados sobresalientes; llegó a graduarse con honores en una de las mejores escuelas de negocios del mundo y a convertirse en la niña mimada de grandes empresarios del panorama nacional. Era, en el sentido más amplio de la palabra, una mujer extraordinaria que sobresalía en todo aquello que se proponía, ya fuera reflotar empresas, hacer tartas espectaculares o crear canales de YouTube de éxito internacional y con millones de seguidores.

Sin embargo, pasados unos años, noté que poco a poco se iba encerrando cada vez más en su vida familiar y de pareja, dejando de lado todo aquello que la había hecho brillar. Me dio la sensación de que aquel Ferrari que una vez conocí había sido abandonado y, peor aún, olvidado. Nadie le prestaba atención, nadie lo conducía, nadie lo exhibía... «Tanta potencia para nada», pensé... Así que un día, sin venir mucho a cuento y en medio de otra conversación, seguramente por algún comentario suyo, se lo dije: «Món, eres un Ferrari en un garaje».

En aquel momento no me entendió. Quizá ni siquiera me escuchó. Estaba tan sumida en sus pensamientos y en su tristeza, que mis palabras no tuvieron ningún efecto en ella. Jamás imaginé que años después esa frase resonaría tanto en su cabeza que la empujaría a escribir este libro que tienes ahora en tus manos y que, además, le daría título. Puedes imaginar mi alegría y mi orgullo, más aún al verla florecer de nuevo gracias a las lecciones que descubrirás en estas páginas.

Soy coach, mentor y formador. Llevo más de diez años obsesionado con el crecimiento personal, la felicidad y la búsqueda del origen del sufrimiento humano, y sí, podría decirse que soy un friki de todo lo relacionado con las emociones. De hecho, soy autor de catorce programas de formación online y he liderado treinta eventos presenciales multitudinarios. Todo eso, sumado a mis más de tres mil horas de sesiones individuales con pacientes, me permite decirte algo con total seguridad: el dolor es inevitable, pero el sufrimiento es opcional. Lo comprobarás en este libro.

El dolor aparece cuando lo que tienes no coincide con lo que quieres. Si no consigues romper esa desigualdad, llega la frustración y, para colmo, el dolor se mantiene convirtiéndose en sufrimiento, que no es más que la perpetuación del dolor debido a la asimetría de la ecuación.

Sufrimos porque no tenemos el cuerpo que queremos...

Sufrimos porque no tenemos el dinero que queremos...

Sufrimos porque no tenemos la relación que queremos...

La buena noticia es que podemos dejar de sufrir en el momento que lo decidamos. Y eso es precisamente lo que hace Brianne, la protagonista de esta historia, una mujer atormentada y sin esperanza que, un día, harta de estar harta, deja de mirar a otro lado, deja de culparse, de culpar a otro y de culpar a la vida misma; una mujer que decide dejar de lamerse las heridas y lamentarse por lo que no tiene o lo que no es y toma las riendas de su destino adueñándose de su esencia, su poder personal y su hermosa valía.

Este libro es un viaje por el camino de la vida. Tu vida. Un camino en el que aprenderás a reconocerte primero para conocerte mejor después; un camino en el que te darás cuenta de lo valioso, vibrante y poderoso que eres; un camino que te demostrará que mereces todo lo mejor que la vida te pueda dar si te quieres sin condiciones, conectando íntimamente con el agradecimiento y concediendo el perdón a ti mismo, a los demás y a la vida.

Sufrir voluntariamente no tiene sentido. Los problemas y las dificultades son parte del camino, peldaños necesarios para hacerte más fuerte y conseguir llegar a la meta. Es normal que ciertos desafíos de la vida, ya sean pérdidas, decepciones o fracasos, te parezcan a veces demasiado grandes, demasiado complicados o intimidantes, demasiado dolorosos... Pero es justo en esos momentos cuando debes ser valiente y honesto contigo mismo y tener el coraje de tomar decisiones, por mucho miedo que te den.

Nada ni nadie puede meterte en un garaje de manera indefinida a no ser que tú se lo permitas. Solo tú tienes el poder de salir de ahí, de reclamar tu valía como derecho legítimo y mostrarte en todo tu esplendor con plena libertad. Así que coge tu cazadora de cuero, tus gafas de sol y abróchate bien el cinturón: estás a punto de iniciar un intenso y fascinante viaje en el que verás la vida desde un precioso Ferrari, como si abrieras los ojos por primera vez.

TINO FERNÁNDEZ,
coach fundador de Indeser360.com

# Nota de la autora

Hubo una época en mi vida, hace unos años ya, en la que llegué a un punto muerto. Y digo «muerto» en el sentido más literal de la palabra, porque no sentía la vida en el cuerpo ni en la mente, y mucho menos en el corazón. Y lo más triste es que ni siquiera me daba cuenta... Los días se repetían sin sentido, sin ningún propósito más allá que seguir haciendo lo mismo *ad infinitum*, esclava de una inercia que me mantenía en un modo de supervivencia agonizante.

Me dejaba llevar de un lado a otro como una bolsa de plástico a merced del viento, víctima de las circunstancias, las expectativas y las necesidades de otros. Nunca me planteé la posibilidad de dar marcha atrás o cambiar de rumbo para dar cabida a mis sueños y a las promesas de futuro que una vez me hice. Vivía adormecida, oxidándome poco a poco, como un coche olvidado en un garaje, mientras veía pasar los días, los meses y los años sin que nada cambiara. Estaba convencida de que no había alternativa y que tampoco tenía ningún derecho a quejarme de mi situación: tenía una familia perfecta, salud, bienestar económico... ¿Qué más podría desear?

Todo parecía estar en su lugar menos yo. Y me resigné sin esperanza a la vida que «me había tocado vivir». Acepté, sin ni siquiera cuestionármelo, el que creía que era mi inevitable destino. Me convencí de que ese era mi lugar y que debía soportar cualquier dolor para mantenerme ahí. Estaba segura de que mi pequeña jaula de oro me protegería de los peligros o amenazas, sobre todo de mi egoísmo al creer que quizá mereciera algo diferente, algo mejor.

Querido lector, ¿te suena esta historia? Seguro que sí. ¿Qué es lo que nos impide abrir la puerta de la cárcel en la que nos hemos metido y salir? ¿Por qué insistimos en vivir en piloto automático, sin darnos lo que necesitamos, aunque cada día nos sintamos más vacíos, más frustrados, más ansiosos, más solos y más incomprendidos, sobre todo por nosotros mismos?

La respuesta es el miedo. El miedo nos paraliza, nos impide tomar decisiones que nos saquen de donde no encajamos. Preferimos aguantar, resistir e incluso mutilarnos para adaptarnos al molde con tal de no enfrentarnos a la posibilidad de fracasar, de no estar a la altura, de decepcionar a los demás o, peor aún, a nosotros mismos. Y eso ocurre porque tenemos miedo de convertirnos en nuestra prioridad, de querernos por encima de todo y de todos. Eso, querido lector, nos da pánico.

«Querernos» implica conocernos y aceptarnos tal como somos, reconocer nuestras miserias y, aun así, perdonarnos. Y eso no es fácil, ¡nada fácil! Supone poner límites a los otros, decir «no» sin sentirnos culpables, prescindir de quien no nos conviene, crear nuestras propias reglas y dejar de seguir las de los demás.

«Salir del garaje» requiere un coraje que rara vez tenemos, pero resulta que la vida, en su infinita sabiduría, nos hace el favor de abrir esa puerta y obligarnos a salir. Una puerta en forma de herida, que nos rompe y nos abre en canal, permite que entre la luz en nuestra madriguera y deja al descubierto nuestra vulnerabilidad, pero también nuestra fortaleza. Porque nos rompemos por nuestros puntos más débiles, esos que deberemos sanar y que, una vez curados, nos harán más fuertes.

Esa luz, que de pronto nos deslumbra y nos deja confusos, ilumina el camino que debemos seguir para cicatrizar las heridas. Todos nacemos con un propósito, con un sentido vital que no es otro que desarrollar nuestro potencial y nuestra esencia, y así vivir de acuerdo con nuestra verdadera identidad. No será fácil, pero no hay prisa, se trata de disfrutar del camino, de tomar conciencia de quiénes somos en realidad poniendo de manifiesto nuestro potencial. Durante el camino descubriremos nuevos paisajes, nuevos compañeros de viaje y destinos nunca antes soñados.

Y será en ese proceso de encuentro con nosotros mismos y con nuestra grandeza cuando entenderemos por qué estábamos tristes y angustiados en nuestro garaje, construido a base de autoimposiciones y supuestas certezas con las que tratábamos de convencernos de que éramos felices. Agradeceremos entonces las heridas de la vida, porque nos han abierto las puertas a la posibilidad de crecer, mejorar y hacernos más fuertes para alcanzar la meta final, que no es otra que el triunfo personal de ser la mejor versión de nosotros mismos.

Querido lector, no tengas miedo, no temas salir de tu garaje, como hice yo, y conducir hasta encontrarte contigo al final del camino. Déjame acompañarte en este viaje y te prometo que será el más apasionante y satisfactorio de tu vida. Merecerá la pena.

NOTA: El objetivo de este libro es transformar tu actitud y tu mentalidad para que solo tú seas el dueño de tu destino. Por eso, te invito a contestar con un Sí o un No las dos baterías de preguntas que te planteo al final del libro antes de empezar a leerlo y también justo después. Así podrás observar y medir tu crecimiento personal.

## 1

## Una vida empaquetada

Había cajas por todos lados. Brianne suspiró y, con desgana, continuó llenándolas con infinidad de libros, ropa, juguetes y trastos varios. Pero ¿cómo habían conseguido acumular tantas cosas en tan poco tiempo? En las mudanzas anteriores había menos cajas, pero, claro, también había menos niños. Se le escapó una sonrisa al darse cuenta de que Óscar y ella parecían haber seguido un patrón fijo en los últimos quince años: mudanza-niño-mudanza-niño-mudanza-niño.

En ese momento su sonrisa se convirtió en un gesto de preocupación. ¡Se estaban mudando de nuevo! Cuatro mudanzas las podía tolerar, pero cuatro niños... ¡Ni hablar! No se veía capaz de empezar de nuevo con biberones, pañales, noches sin dormir y lo peor de todo: ¡más kilos! Brianne empezó a fantasear con la idea de convencer a Óscar para que se hiciese la vasectomía, sobre todo después de...

En ese momento le sonó el móvil. Lo oía perfectamente, pero no conseguía verlo entre semejante caos de cajas. Movió algunos bultos y por fin lo encontró y pudo contestar a tiempo. Era Maya, su única hermana y, además, su gemela.

—¡Hola, Bri! ¿Cómo va esa mudanza?

—¡Uf! ¿Qué quieres que te diga? Ya sabes cómo son las mudanzas. Agotadoras. Me estoy pegando una paliza que no veas.

—Pero ¿tú sola? ¡Estás loca! ¿Por qué te toca a ti siempre lidiar con estas cosas?

—Bueno, ¡ja, ja, ja! No sé cómo me las arreglo, pero siempre soy yo la que empaqueta, desempaqueta y coloca todo en su sitio.

—Pero ¿Óscar dónde está? ¿Y los niños?

—Se los ha llevado unos días de viaje, ¡por primera vez él solo! Su empresa ha organizado un evento para familias de empleados en Saint-Tropez, en un castillo muy chulo. ¡Lo van a pasar en grande!

—Pues sí, tiene buena pinta. Y tú ¿por qué no has ido?

—¿Con todo este lío de la mudanza? Qué va, imposible.

—Pues encárgaselo a alguien, Brianne, no puedes hacerlo siempre todo tú.

—Maya, últimamente andamos fatal de dinero, tres niños son un gasto enorme y sabes que hace tiempo que ingreso muy poco con mis empleos a tiempo parcial. Y ahora que nos mudamos, he tenido que dejar el trabajo de nuevo.

—¡Con lo emprendedora y autosuficiente que eras! Si no hubieras dejado tu negocio otro gallo cantaría, ¡con lo bien que te iba! Se te veía tan feliz, tan orgullosa, tan exitosa..., ¡tan tú!

—Eso ya lo hemos hablado Maya, sabes que lo tuve que dejar cuando trasladaron a Óscar. Y, además, embarazada de Nico... Iba a ser muy complicado.

—Bueno, al menos os queda el salario de Óscar. Le han ascendido, ¿no?

—¡Qué va! Al final nada, todo lo contrario, ajustes salariales: que si la empresa no está en un buen momento, que si hay crisis, que si han perdido muchos clientes... O nos mudamos, o despiden a Óscar, ¡imagínate! Así que ahora estamos peor que antes.

—Vaya, lo siento mucho, Brianne, yo entendí que le iba fenomenal y le iban a ascender.

—Yo también, al menos eso me dijo. Sin embargo, no ha ocurrido y él está tan tranquilo. No me da la sensación de que le preocupe que cada poco tengamos que apretarnos más el cinturón.

—¡Me recuerdas a mamá con esas frases, Brianne!

Brianne hizo una pausa para suspirar. Para coger aire, más bien. Maya tenía razón.

**Aunque de pequeña se había prometido una y mil veces no repetir las típicas frases de su madre, tenía que reconocer que poco a poco se estaba convirtiendo en ella, en esa ama de casa complaciente y sufridora, víctima eterna de las circunstancias.**

Parecía que cualquier tiempo pasado fue mejor, cuando Brianne triunfaba en su trabajo, cuando era requerida por multitud de multinacionales para prestar sus servicios de consultoría, cuando multiplicaba su dinero en bolsa y daba la sensación de que nunca se iba a terminar, cuando...

—Brianne, perdona que te diga, pero la única que se aprieta el cinturón eres tú. Siempre mirando los gastos, ahorrando aquí y allá, intentando trabajar de lo que sea en el poco tiempo libre que te dejan la casa y los niños. Yo no veo que Óscar renuncie a nada. ¿Por qué no deja él su trabajo para encargarse de los niños y que tú puedas dedicarte a lo tuyo a tiempo completo? ¡Le das mil vueltas!

—¿Dejar su trabajo? Uf, qué va. A él le encanta; además, siempre me dice que confíe en él, que le ascenderán en breve y que todo cambiará, que el esfuerzo merecerá la pena. Pero la verdad, empiezo a pensar que no es cierto y que solo lo dice para que deje de presionarle para que evolucione en su trabajo. Lleva muchos años estancado en el mismo puesto y en el mismo salario, ¡no avanzamos! Son tantas promesas y tantas mentiras últimamente...

—¿Mentiras? ¿A qué te refieres?

Brianne guardó de nuevo silencio un momento. Sospechaba que Óscar estaba siéndole infiel de nuevo, aunque no estaba segura. Pero notaba su apatía, su desgana, sus ninguneos; la ignoraba y la trataba como si fuera un mueble más de la casa, un estorbo que le molestaba y al que le reprochaba cada cosa que hacía o decía. Había vuelto a beber, se quedaba hasta altas horas de la madrugada viendo la tele y chateando con el móvil para evitarla, y se acostaba cuando ella ya estaba dormida; los viajes «de trabajo» habían aumentado y volvía siempre a casa más tarde de lo habitual. Todo eso le resultaba familiar.

—Nada, cosas mías.

—Deberías apostar por ti, te lo he dicho mil veces. Siempre siguiendo a Óscar a todos lados como una marioneta. Total, ¿para qué? Mírate, con lo que tú eras, ¡todos sentíamos celos de ti! Brillante, triunfadora, guapa, independiente... Cuántas veces he tenido que aguantar las comparaciones: «Tan iguales físicamente y tan diferentes intelectualmente» o «Aprende de tu hermana, ¡va a llegar muy lejos!» o «No debe ser tan difícil si Brianne lo consigue a la primera».

—Bueno, Maya, tuve suerte en su momento, y la familia lo cambia todo. No te ofendas, pero como tú no tienes hijos no lo entiendes. Para mí ellos son lo primero.

—Claro que lo entiendo, Brianne, pero que ellos sean lo primero no significa que tú tengas que ser lo último. Siempre andas complaciendo a todos menos a ti. ¿Qué hay de tus necesidades? ¿Tus ambiciones? Ven unos días, ¡hace siglos que no nos vemos, literalmente!

—¿Ir a verte? ¡Pero si estás lejísimos! Me encantaría y lo sabes, pero no puedo. Tengo que empaquetar y etiquetar todo para que vengan a recogerlo, enviar la documentación de las inscripciones en el nuevo colegio, buscar médico para los niños, apuntarles a extraescolares, dar de alta los suministros en la nueva casa, sacar los billetes de avión...

—«No puedo», «tengo que»...

**»Siempre estás igual. Tu vida parece estar hecha de obligaciones y prohibiciones. ¿Qué hay de lo que "sí quiero" y lo que "sí puedo"? Quien algo quiere busca un modo y quien no, mil excusas.**

»Pronto estaremos aún más lejos. Ahora te mudas no solo a otra ciudad sino a otro país, será casi imposible verte. No sé, piénsalo. Me preocupas, Brianne.

Brianne prefirió cortar la conversación. Cada vez que hablaba con su hermana tenía la sensación de que la regañaba y debía ponerse a la defensiva. Era obvio que tenían la misma edad, exactamente la misma salvo por unos minutos de diferencia, pero Maya siempre había sido más madura en algunos sentidos, a pesar de ser mucho más alocada que Brianne. Había decidido ser soltera por voluntad propia, algo que Brianne no conseguía entender. Tenía parejas, ¡por supuesto! Pero no le duraban mucho. Según decía, apreciaba demasiado su independencia y su libertad como para atarse a alguien.

—Maya, tengo que dejarte. ¡Las cajas me llaman! Pronto anochecerá y quiero dejar al menos la ropa empaquetada.

—Pues nada, ahí te quedas con tus cajas. Cuídate, ¿vale, Bri? Te doy un toque estos días a ver cómo vas.

—*Ciao, bella!* Cuídate tú también.

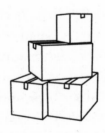

## 2

## Un futuro cierto

Brianne colgó el teléfono y se quedó sentada sobre una caja. Dio un mordisco a una de las magdalenas que había comprado a toda prisa en la tienda de la esquina y se dio cuenta de lo mucho que echaba de menos a Maya, y también al resto de su familia y sus amigos. Siempre de aquí para allá alejada de todo y de todos, siguiendo a Óscar y su «prometedora» carrera que, al final, siempre se quedaba en eso, en una promesa. Como todo, incluida su relación, que ahora estaba de nuevo en punto muerto. Pero bien muerto.

Qué diferente eran las cosas a como las había imaginado Brianne hace años. Había hecho lo que había que hacer y, sin embargo, no tenía nada de eso que esperaba a cambio. Había sido la pareja y madre perfecta, abnegada y complaciente; había reprimido sus sentimientos y escondido sus anhelos para dar prioridad a los de su familia, pensando que eso la haría sentir bien, satisfecha y realizada.

**Pero su vida era solitaria, aburrida,
sosa y sin sentido. Hacía mucho que
se sentía perdida, que no encontraba
su lugar, su identidad. No sabía quién era
en realidad, qué quería.**

Brianne suspiró de nuevo. Su vida se había convertido en una sucesión de suspiros de resignación. Recordó todos esos planes que tenía antes de conocer a Óscar, todas esas empresas que quería crear para dar empleo, para ayudar a la gente... Tenía experiencia y muchos conocimientos que podría utilizar para hacerlos realidad. Pero ya no. Ahora era demasiado tarde. Y se sentía fracasada.

Decidió dejar de lado esos pensamientos que la entristecían y se puso de pie, dispuesta a seguir empaquetando ropa, juguetes y demás trastos que llevaban una y otra vez de una ciudad a otra y, ahora, a un nuevo país con un idioma que ella desconocía. Se acercó a una de las cajas armario para meter los trajes de Óscar, que debían llegar a destino en la mejor condición posible. A él le gustaba ir bien vestido al trabajo y por eso invertían mucho en su ropa y en sus zapatos. Él decía que su imagen en la oficina era importante, y la verdad era que los trajes eran muy bonitos y elegantes, de las mejores marcas. Óscar siempre había tenido mucho estilo, pero sin perder el aire desenfadado que cautivó a Brianne cuando se conocieron hacía más de doce años.

Brianne colgó los trajes en las perchas del ropero de cartón con mucho cuidado para que no se arrugaran. No sabía cómo iban a colocarlos todos en la nueva casa, mucho más pequeña que la actual, porque había pocos armarios. Con el nuevo salario de Óscar y ahora que ella dejaba de nuevo el trabajo, no habían podido alquilar nada mejor. Sus dos hijos mayores, Nico y Álex, tendrían que compartir habitación, no quedaba otra. Y la pequeña, Maimie, tendría una para ella sola, pero era diminuta, apenas cabría la cama y un armario sencillo.

Brianne miró su ordenador. Era el siguiente en ir a una caja y lo peor era que quizá se quedaría ahí para siempre. Ese ordenador que albergaba en secreto todos esos planes de negocio que aún conservaba y que ahora sabía a ciencia cierta que nunca llevaría a cabo. La historia se repetía demasiadas veces: «Brianne llega a un nuevo lugar ilusionada con la esperanza de montar su propio negocio cuando se estabilicen, cuando dejen de mudarse y tenga tiempo para ella y sus proyectos. Pero eso nunca ocurre, los niños le quitan mucho tiempo y ella se ve obligada a aceptar trabajos a tiempo parcial, para los que está sobrecualificada, a fin de complementar el salario de su marido». Fin de la historia. Mejor dicho, la historia sin fin, porque Brianne tenía la sensación de estar viviendo en bucle lo mismo una y otra vez, sin ningún atisbo de cambio.

Con la sensación de estar enterrando sus sueños definitivamente, metió el ordenador en la caja. En la nueva casa no tendría ni un pequeño despacho. Habían decidido destinar el cuartito al lado de la cocina a sala de juegos para los niños. Entre nuevos suspiros, Brianne se consolaba pensando que era lo mejor. Los niños lo iban a disfrutar mucho y, a fin de cuentas, ella no iba a necesitar ningún despacho porque no habría ningún negocio que atender, ningún proyecto en el que trabajar.

Cruzó la habitación para buscar la cinta de embalar y en ese momento se asustó. No solo por el abismo que sentía al pensar en su inevitable destino, sino por la cruda imagen que le devolvió el espejo ante el cual acababa de pasar.

**No recordaba cuándo fue la última vez que se miró a sí misma de manera consciente, hacía mucho tiempo que se sentía invisible en todos los sentidos.**

Pero la imagen que, sin querer, acababa de ver, confirmó sus sospechas. Vio una mujer de cuarenta años triste, gorda, desaliñada y con un moño mal hecho. No quedaba absolutamente nada de aquella Brianne que una vez fue alegre, sexi y triunfadora.

Apartó rápido la mirada del espejo para no seguir sintiendo la decepción, el fracaso, la impotencia y la angustia por no ser quien una vez creyó que estaba destinada a ser. Sabía que, en el fondo, era culpa suya. En algún momento se había abandonado, se había dejado de querer, se había perdido a sí misma. Pero ¿cuándo ocurrió eso? ¿Cómo había llegado al punto en el que se encontraba ahora?

Brianne se dio cuenta de que el televisor seguía encendido en el salón. Solía ponerlo cuando estaba sola para sentirse acompañada, pero se acercaba el momento de acostarse y decidió ir a apagarlo. Estaban dando un documental sobre comida asiática, y en ese momento en la pantalla aparecía una olla gigante llena de ranas vivas. ¡Qué horror! Pero ¿por qué no saltaban y se escapaban? La olla ni siquiera era profunda, ¡tenían la libertad de salir cuando quisieran! Brianne no pudo evitar quedarse unos minutos más mirando, lo justo para oír al narrador explicar que las ranas debían hervirse subiendo la temperatura del agua muy lentamente, de modo que no notaran un incremento brusco de temperatura que las incitara a saltar. De esta manera terminaban todas muertas y bien cocinadas sin haberse dado ni cuenta. Cuando ya no soportaban más el calor, estaban tan agotadas que no tenían fuerzas para dar el salto.

A Brianne esto le pareció espantoso. ¿Cómo podían no darse cuenta de que se les estaba yendo la vida en esa olla gigante? ¿Cómo podían aceptar ese terrible destino sin pelear?

Apagó el televisor y volvió a su habitación, donde engulló otra magdalena y empezó a meter su ropa en las cajas. A diferencia de la ropa de Óscar, la suya no había que colgarla, bastaba con doblarla y colocar una prenda encima de otra. No había absolutamente nada que no se pudiera arrugar, no había nada delicado o bonito, solo ropa informal, cómoda y amplia, perfecta para alguien que se pasa el día en casa con los niños y a la que ya no le queda bien casi nada. ¡Con el cuerpazo que tenía incluso después de dar a luz a los tres niños! ¿De dónde habían salido estos veinte kilos de más?

Mientras colocaba con desgana su ropa en las cajas, fue consciente de que había ido ganando kilos tan poco a poco que no se había dado ni cuenta. ¡Como las ranas! Le vino a la mente su armario de antaño, lleno de ropa de marca preciosa que le sentaba como un guante y con la que se sentía la mujer más poderosa del mundo en reuniones de trabajo, con amigos, en charlas, sesiones de fotos, conferencias, viajes... ¡Qué lejos quedaba todo eso y qué borroso lo veía! A Brianne su pasado le parecía un sueño comparado con su presente. O más bien su presente le parecía una pesadilla comparado con su pasado.

Y su futuro... ¿Qué futuro? No había ninguno, solo se repetiría lo mismo en bucle mientras los niños crecían y Óscar desarrollaba su carrera. Brianne se sentía atrapada en un círculo vicioso lleno de cajas en las que empaquetaba su vida una y otra vez para desempaquetarla en otro lugar, en el que todo se repetiría de la misma manera. Empezó a ser consciente de la temperatura del agua de la olla. ¿Cómo podía estar ya tan caliente? Quizá había estado aceptando, durante mucho tiempo y sin percatarse, cosas que no le hacían sentir bien pero que, al repetirse de manera sutil y poco a poco, había terminado por considerar normales: los reproches y las descalificaciones de Óscar, su salida progresiva del mercado laboral, el abandono de sus *hobbies*, el alejamiento de la familia y los amigos... Todo había sido tan gradual y paulatino que no se había dado ni cuenta, pero ahora la atmósfera era tan asfixiante que sentía que se le estaba escapando la vida.

Sin embargo, Brianne no podía simplemente saltar y salir de la olla, ¡debía seguir ahí! Su familia la necesitaba, y tenía la obligación de darle una nueva oportunidad a su relación mudándose de nuevo y empezando en otro lugar, soportando las infidelidades y desprecios de Óscar hasta que todo cambiase. No podía abandonar sus responsabilidades así como así, no estaba bien quejarse, enfadarse o llorar. ¡Tenía que aguantar! Pero ¿hasta cuándo? ¿Cuál era el límite? Si no lo ponía, acabaría achicharrada como las ranas. La temperatura, cada vez más alta, estaba derritiendo poco a poco sus sueños, sus ilusiones y la posibilidad de un futuro diferente.

Sumida en estos pensamientos que sin duda la agotaban, cayó rendida y se durmió sobre un colchón en el suelo, rodeada de magdalenas.

## 3

## Abriendo el garaje

A la mañana siguiente, alguien llamó a la puerta. Brianne se levantó de un brinco asustada y desorientada. ¿Quién sería a esas horas? Miró su móvil, casi sin batería, y comprobó que eran las ocho de la mañana. ¡La inmobiliaria! Lo había olvidado por completo. Se rehízo un poco el moño, se estiró la ropa con la que había dormido y abrió la puerta.

—Buenos días, señora. Soy Jonás, de la inmobiliaria.

Jonás era un chico joven, de unos treinta años, no demasiado alto ni guapo, pero muy bien vestido. Se le veía bastante serio, seguramente porque quería aparentar cierta profesionalidad. Venía a hacer fotos e inventario de la casa para ponerla de nuevo en alquiler ahora que la familia de Brianne se mudaba.

—Sí, sí, perdone, me acabo de despertar. ¿Quiere un café?

—No, no se preocupe, querría empezar cuanto antes porque a las diez tengo que estar en otra casa. ¿Por dónde comenzamos?

—Por donde quiera. ¿Por el salón y las habitaciones, quizá? Si no le hago falta, voy a la cocina a prepararme un café, si necesita algo me avisa.

—No se preocupe, señora, seré rápido. Solo tengo que hacer unas fotos y apuntar algunas cosas.

Brianne no se acostumbraba a que la llamaran «señora». Era cierto que ya tenía cuarenta años, pero es que todo había pasado tan rápido que aún no asimilaba su edad. Parecía que fuese ayer cuando, con veintiocho años, conoció a Óscar en un partido de pádel. Ella, guapísima, enfundada en su chándal blanco a juego con la raqueta y él, con su camiseta rota, dejando a la vista el tatuaje de la espalda. En menos de diez meses, ya estaba embarazada de Nico. ¡Eso fue ayer y ya habían pasado doce años!

Brianne se preparó, somnolienta, su café habitual. Por inercia, lo metió en un termo, como hacía cada mañana para llevar a los niños al colegio, a más de treinta minutos de camino. Pero hoy no era necesario, estaban a cargo de Óscar ¡tooooooda la semana! Tenía todo el tiempo del mundo para desayunar tranquila. Volvió a poner el café en una taza y pensó en hacerse unas tostadas, algo que normalmente solo podía permitirse, por falta de tiempo, los fines de semana.

Abrió la nevera para coger la mantequilla y la mermelada y comprobó que estaba casi vacía. No había hecho la compra porque esa era la última semana que estaría en la casa y además iba a estar sola. Tendría que salir a comprar algo para comer estos días si no quería subsistir a base de magdalenas. Se preparó las tostadas y cuando se disponía a comérselas, apareció el agente inmobiliario en la cocina.

—Disculpe, señora, pero ya he terminado con la casa, solo falta la cocina. ¿Podría hacer también unas fotos del garaje?

—Claro, sin problema. Está lleno de bártulos, aún no me ha dado tiempo a recoger ahí abajo, pero podrá hacerse una idea del espacio.

—Seguro que sí.

Mientras Jonás hacía fotos de la cocina y tomaba nota del estado de los electrodomésticos, Brianne buscó la llave del garaje. ¿Dónde la habría puesto Óscar? A los pocos minutos la encontró en uno de los cajones.

—¡Equilicuá!

Esa también era una expresión de su madre.

## ¿Qué demonios ocurría con las mujeres que acaban reproduciendo las conductas de sus madres?

Pidió al agente que la acompañara y ambos se dirigieron a la puerta interior que daba al garaje desde la casa. Brianne abrió y al entrar buscó a tientas el interruptor de la luz. ¡Estaba todo tan oscuro que no veía nada!

—No respondo de lo que pueda haber aquí, ¡hacía siglos que no entraba! Yo aparco fuera. Mi marido guarda aquí sus cosas y es un desastre.

Brianne encontró por fin el interruptor y encendió la luz. Miró a Jonás y le extrañó lo brillante que era su sonrisa. ¿Sería el efecto de la luz fluorescente del techo? Sus ojos también brillaban.

—Vaya, señora, ¡menudo Ferrari tiene!

Claro, ¡el Ferrari! Lo había olvidado por completo. Llevaba ahí aparcado desde que se mudaron. Óscar iba en moto al trabajo, y en sus desplazamientos o cuando Brianne llevaba a los niños al colegio siempre usaban el coche familiar. Una empresa vendría a recogerlo para enviarlo a su nuevo país de residencia, aunque Brianne no entendía por qué no lo vendían. Óscar no quería deshacerse de él, pero tampoco lo utilizaba por miedo a que se rayara o estropease.

—Es de mi marido. Es «su trofeo», como él dice, «su tesoro», pero nunca lo utiliza, ya ve... Además, está ya muy viejo.

—¿Viejo? ¡Un Ferrari es un Ferrari, tiene un motor indestructible! Y si él no lo utiliza, ¡condúzcalo usted!, ¿no? Mi mujer adora los deportivos, ¡ojalá algún día podamos comprar uno!

Brianne se sintió extraña y algo molesta al oír ese comentario. ¿Usar ella el Ferrari? Era de Óscar, no suyo, a pesar de que lo compraron juntos hacía mucho tiempo. Bueno, juntos pero con el dinero de Brianne.

—Yo no conduzco Ferraris, Jonás.

—¿No? ¿Y eso por qué?

Ella se sorprendió de nuevo, no tanto por la insolencia y el atrevimiento del agente inmobiliario, sino porque nunca se lo había planteado. ¿Conducir ella el Ferrari? ¿Un coche tan caro? Vaya tontería. ¿Y adónde iba a ir con semejante deportivo? ¿Al colegio? ¿Al supermercado? Brianne no pudo evitar reírse. Pero el agente inmobiliario insistía.

**—Señora, tener este coche aquí aparcado es un delito. Es como si la vida le hubiera dado alas y no las utilizara.**

»Y, según me dijo por teléfono, su marido se ha ido de viaje. ¿Por qué no se da usted una vuelta?

—Si quisiera dar una vuelta usaría «mi coche», ese de ahí, ¿lo ve? Un familiar sencillo de segunda mano, el que uso para llevar a los niños al colegio, traer la compra...

—Pero no es lo mismo, señora. ¿De verdad nunca ha dado una vuelta en el Ferrari?

Brianne se quedó estupefacta una vez más por la desfachatez de ese tal Jonás. ¿Y eso a él qué le importaba? ¿Acaso no tenía prisa por ir a otra casa? Además, se le notaba la juventud, no solo por su atrevimiento, sino porque aún no entendía nada de la vida. Ya lo haría cuando tuviera hijos y debiera ocuparse de alguien más que de él mismo. Ni Ferraris ni historias. Brianne decidió ignorarlo y cambiar de tema.

—Bueno, haga las fotos que necesite y cuando termine simplemente accione ese botón de ahí para abrir el portón y salir. Yo me voy a desayunar y a la ducha. Ya cerraré luego el portón, no se preocupe.

—De acuerdo, señora, vaya a desayunar tranquila, que yo termino en un par de minutos. Si necesito algo le aviso.

—¡Perfecto! ¡Y tenga cuidado de no rayar el Ferrari!

El agente inmobiliario le hizo burla fingiendo que lo rayaba con el bolígrafo con el que estaba tomando notas, y a Brianne se le escapó una risita. Sacudió la cabeza poniendo los ojos en blanco y entró en la casa. El chico era simpático a fin de cuentas. Y lo del Ferrari, después de todo, le había hecho gracia. ¿Ella conduciendo un deportivo? ¿Con sus pintas? ¿Y sin saber conducir bien? Vaya chiste. Seguro que hasta saldría en las noticias locales: «Ama de casa de cuarenta años se desmelena dejando las tareas del hogar para dar una vuelta en el Ferrari de su marido». Subtítulo: «Y como era de suponer, se estampa contra un árbol».

No se había dado cuenta de lo mal que conducía hasta que conoció a Óscar. Un día que habían dormido juntos, Brianne se ofreció a llevarle al trabajo porque su moto no arrancaba. Ella tenía un precioso deportivo que acababa de comprarse, con el que iba orgullosa a todos lados. El caso es que, una vez en la autopista, Óscar se empezó a quejar porque conducía demasiado despacio; le reprochaba constantemente que no adelantara a los otros coches o no pisara el acelerador lo suficiente. A ese ritmo iba a llegar tarde a la oficina y no quería recibir una llamada de atención de su jefe. Ella le pidió que se calmara, que era mejor llegar tarde que no llegar.

Aun así, Óscar ponía mala cara y no paraba de recriminarle lo lento que conducía. Empezó a ponerse nerviosa, tanto que se equivocó de salida y retrasó todavía más la llegada de Óscar al trabajo. Esa fue la gota que colmó el vaso: se puso a gritarle que no valía para nada, que era una torpe y una despistada y que nunca se volvería a subir a su coche si era ella la que conducía.

Callada y desconcertada, Brianne dejó que Óscar saliera del coche dando un portazo y entrara en la oficina. Una vez sola, se echó a llorar. Nunca antes se había dado cuenta de lo lento que conducía y lo despistada que era. A partir de ese día, se sintió insegura y ansiosa al volante y, por supuesto, no volvió a conducir con Óscar al lado. Tampoco hizo falta, porque no tardaron en vender el coche y la casa de Brianne para comprar el Ferrari de Óscar.

## 4

## Un regalo ¿merecido?

Brianne terminó las tostadas y miró alrededor. Quedaban muchas cosas por empaquetar y la empresa de mudanzas vendría en unos días para llevárselo todo. En cuanto llegaran Óscar y los niños la recogerían para ir directamente al aeropuerto. ¡Los billetes! Aún tenía que comprarlos y si se retrasaba mucho subirían de precio. Lo haría sin falta después de comer. Ahora tenía que ducharse para salir a comprar algo semipreparado porque Brianne tampoco sabía cocinar. Se le daba fatal. Menos mal que Óscar se encargaba de eso.

Se hizo su moño habitual tras la ducha y se vistió con lo primero que encontró para salir. Había un pequeño supermercado a tres manzanas que le valdría para comprar huevos, leche, quizá unos lomos de cerdo o unos filetes, algo fácil de preparar. Desde hacía ya doce años comía sin rechistar lo que Óscar cocinaba para ella y para los niños. No se atrevía a guisar nada si él estaba en casa para no decepcionarle o enfadarle y, cuando no estaba, preparaba algo rápido y sencillo para los niños, que aún eran pequeños y no se daban cuenta de lo mal que cocinaba. Nunca intentaba hacer nada sofisticado porque sabía que la cocina no era lo suyo, así que ¿para qué intentarlo?

Cogió el bolso para ir a comprar, pero, antes de marcharse, recordó que tenía que ir a cerrar la puerta del garaje. Bajó las escaleras y entró en el garaje para accionar el botón de cierre y se fijó de nuevo en el Ferrari. El agente tenía razón: era precioso incluso a pesar de los años que tenía y la capa de polvo que lo cubría. Era tan gruesa que el agente inmobiliario se había tomado la libertad de escribir algo con el dedo: «Úseme». A Brianne le hizo gracia, le recordó a *Alicia en el país de las maravillas*, cuando ella encontraba una botellita que decía «Bébeme» y al hacerlo empezaron a ocurrir cosas.

Brianne solo se había montado en él una vez, meses antes de tener a Nicolás, cuando lo compraron para celebrar su primer embarazo y el reciente ascenso de Óscar con la promesa de un cuantioso bonus al año siguiente. Eso sí, con la condición de mudarse a las nuevas oficinas de la empresa en otra ciudad.

Ella había tenido ese año unas ganancias espectaculares en su trabajo y, unido a los beneficios de la venta de la casa y el coche de Brianne, decidieron comprar el Ferrari para Óscar. Se lo merecía por su ascenso y, además, «¿Para qué está si no el dinero?». Esa era una de las frases favoritas de Óscar.

A Brianne le costó mucho desprenderse de su casa, de su coche y de prácticamente todos sus ahorros. Era todo lo que tenía desde que empezó a trabajar una vez terminó de estudiar en la universidad, y era el reflejo de lo mucho que había conseguido ella sola. Pero a ambos les pareció la mejor opción: con un bebé en camino, el prometedor ascenso de Óscar y la mudanza a otra ciudad, tenía más sentido que Brianne dejara su trabajo, vendieran su casa y se fueran a vivir de alquiler hasta que se instalaran definitivamente en algún lugar. Ya tendrían tiempo de volver a ganar todo ese dinero.

## Aún eran jóvenes, tenían toda la vida por delante, una vida llena de esperanza e ilusiones.

Sobre todo la de su embarazo, tan repentino pero tan esperado, y encima con Óscar, tan especial y bueno con ella. ¡Sería tan buen padre...! Parecía como si de repente le hubiese tocado la lotería.

Iban a ser padres y no podía pensar en un regalo mejor. Sin embargo, el regalo en el que pensó Óscar fue el Ferrari. Ahora que iba a ser padre y asumir responsabilidades, se lo merecía, así que una cosa por la otra. Brianne accedió enseguida cuando se lo propuso, y desde el día que estrenaron el Ferrari paseando su embarazo, no volvió a subir en él. Ella necesitaba más espacio para la sillita del bebé, el carrito y las mil y una cosas que llevaba en el maletero por si el niño se manchaba, se aburría o se hacía daño. Así que para Brianne compraron el coche familiar de segunda mano. Nada demasiado lujoso porque ya se sabe que los niños lo ponen todo perdido.

A partir de ahí se sucedieron las noches sin dormir, la lactancia, el cansancio, los trabajos a media jornada mal remunerados... y la indiferencia de Óscar. Las cosas en el trabajo no salieron como él esperaba, no le dieron el ansiado bonus y al poco tiempo le trasladaron de nuevo. Brianne achacaba sus ausencias y su desinterés por ella al estrés y al agotamiento por la vida familiar, incrementados cuando, a los pocos meses de nacer Nicolás, se quedó de nuevo embarazada: Alexander estaba en camino.

Aún sumida en sus recuerdos, Brianne acarició tímidamente la espectacular carrocería del Ferrari rememorando los sentimientos confusos de aquella época. Se fijó en que estaba abierto y tenía las llaves dentro, así que entró para sentarse y recordar aquel momento del paseo hacía ya once años. Suspiró y se sintió rara. El interior estaba impecable, nada que ver con el coche familiar lleno de juguetes y restos de las meriendas de los niños. El asiento era muy estrecho para ella, pero bastante confortable. «Tengo el culo demasiado grande», pensó.

Respiró hondo y aspiró el olor del cuero, tan desconocido para ella y tan diferente de la tela barata y vieja de la tapicería de su coche. Se notó extraña. ¿Qué sentiría Óscar al conducir el Ferrari? Algo en su interior la impulsó de forma inconsciente a girar la llave y arrancar el coche, pero, nada más encenderse el motor, Brianne se asustó y dio un respingo sobre el asiento. De no ser descapotable con toda seguridad se habría golpeado con el techo del vehículo.

**«¡Demasiada potencia para mí —pensó—. Demasiado coche, demasiado lujo, demasiado de todo».**

Apagó el motor y se levantó rápidamente para salir de allí, como si el asiento ardiera. No era para ella, ¡vaya estupidez! Además, ¿qué diría la gente? Los Ferraris son para personas importantes, personas triunfadoras, personas...

El móvil de Brianne sonó. Era Nicolás, su hijo mayor, que llamaba desde el teléfono de su padre.

—¡Mamá! Ya hemos llegado. ¡Este sitio es una pasada!

—¿Sí? Qué bien, Nico, ¡me alegro mucho! ¿Qué tal habéis dormido? Ayer no me mandasteis ni un mensaje.

—Ya, mamá, es que papá no nos dejaba el móvil. Nos acabamos de levantar para desayunar, enseguida entraremos en el comedor. ¡Y huele muy bien!

—Seguro que os han preparado un desayuno de bienvenida riquísimo. Y tus hermanos, ¿qué tal?

—Bien, aquí están, ¿te los paso?

—Sí, claro. Te quiero, amor.

—¡Hola, mami!

—¡Hola, mi amor! ¿Qué tal el viaje?

—Bien, pero Álex no paraba de molestarme en el avión, todo el rato me quería quitar mis juegos.

—Bueno, cariño, es normal, era un viaje un poco largo. Pero ¿todo bien?

—Sí, aunque aquí hay muchas madres. ¿Tú por qué no has venido?

—Bueno, hija, ya sabes que tengo que empaquetar todo para que nuestras cosas lleguen a tiempo a la nueva casa.

—Ah, vale; bueno, te paso a Álex, que me quita el teléfono.

—¡Álex, mi amor! ¿Qué tal?

—Bien. Bueno, Maimie es una pesada, no para de molestar. Se tendría que haber quedado en casa contigo.

—¿Y eso por qué? Qué va, anda, intentad no discutir y pasadlo bien. ¿Me pasas con papá?

—Es que está en su habitación.

—¿Cómo que en su habitación? Pero ¿no habéis dormido juntos?

—No, él tiene una habitación y nosotros tres tenemos otra triple. ¡Así no nos controla, ya somos mayores!

—Ah, vale, bueno... Pues hablamos mañana, ¿de acuerdo? Devuélvele el teléfono a tu padre cuando puedas y dile que me llame.

—Vale, te quiero, ¡adiós!

—Adiós, amor, yo también te quiero.

## 5

## No se puede conducir frenando

Brianne colgó el teléfono. ¿Una habitación para él solo?
Ella pensaba que dormiría al menos con Maimie, la pequeña. A ese evento había ido casi toda la gente de la empresa,
incluidos antiguos compañeros (y compañeras) del resto
de las oficinas. ¿Sería alguna chica de la oficina su nueva
conquista? ¡Seguro! ¿Habría dormido con ella? No le ex-
trañaría, incluso con sus hijos allí.

Cuando quería, Óscar era el rey de la mentira y el disi-
mulo a sangre fría. Brianne recordó cómo los llamaba a ella
y a sus hijos cada noche con voz de pena (cuando supuestamente estaba de viaje) para decirles que los echaba mucho
de menos y que cuánto los quería. Y, en realidad, estaba en
un hotel al lado de casa con una tal Inés, con la que llevaba
saliendo nueve largos meses sin que Brianne lo supiera.

Brianne no conseguía olvidarlo, por mucho que se lo
hubiera asegurado a Óscar cuando él le pidió perdón arre-
pentido y le prometió, lágrimas incluidas, que jamás volvería a ocurrir, que se había sentido solo y descuidado porque ella se esforzaba demasiado por trabajar en los ratos
libres que le dejaban los niños. De alguna manera, Óscar la

había hecho sentir culpable y había acabado creyendo que esa infidelidad era, en realidad, culpa suya.

Así que no solo le perdonó, sino que además le pidió perdón. Se sentía agradecida de que Óscar le diera una nueva oportunidad a ella y a su familia, esa que habían creado juntos con tantos sacrificios. Al menos de Brianne.

**Ella se desvivía por él, aunque eso supusiera renunciar a un trabajo exitoso, sus *hobbies*, sus amigos o la posibilidad de un hogar estable en algún sitio.**

Por eso Brianne no entendía que pudiera haber una nueva infidelidad. Seguro que estaba malinterpretando las señales. Óscar le había dicho que la quería, que la necesitaba, y ella le estaba entregando toda su vida a cambio. Esta vez no estaba haciendo nada mal, o al menos eso creía. Se sentía confusa, desorientada y perdida. Por eso no había querido ir a Saint-Tropez, y puso la excusa de la mudanza. Necesitaba pensar. Ella no estaba loca como a veces sugería Óscar, estaba segura de que algo pasaba y no sabía qué era. Sentía vértigo, miedo y, en cierto modo, vergüenza.

Brianne empezó a sentir mucho calor. Mucho. La temperatura de la olla subía otra vez, necesitaba aire, se estaba ahogando dentro de aquel garaje lleno de cosas de Óscar. Y sin saber ni cómo ni por qué, en vez de bajarse del coche y salir caminando, lo puso de nuevo en marcha y salió conduciendo. El Ferrari. ¡Estaba conduciendo el Ferrari! Pero una vez fuera y antes de pisar la carretera, se detuvo en seco, dejando el coche en punto muerto. El Ferrari era de marchas y su vehículo familiar era automático. Hacía mil años que no llevaba un coche de marchas ¡y prácticamente había olvidado cómo se conducía!

Miró a un lado y al otro. El vecindario era tranquilo y, a esas horas, parecía no haber moros en la costa. «¿Y ahora qué?», pensó. Un escalofrío le recorrió el cuerpo. Cogió aire, se miró en el retrovisor para comprobar que seguía siendo ella, al menos la Brianne que vio la noche anterior en el espejo de la habitación, y metió primera. A trompicones, salió a la pequeña carretera de la urbanización, esquivando su coche familiar aparcado cerca de la acera. Iría directamente a la tienda de comestibles y volvería a casa.

**Brianne conducía muy muy despacio, haciéndose poco a poco con el control del coche que, para ella, era como un caballo salvaje sin domesticar.**

Tenía miedo de rayarlo, de estropearlo, pero, sobre todo, tenía miedo de que Óscar se enterase. Lo había cogido sin su permiso y no había duda de que se enfadaría.

Prefirió no pensar en eso y siguió avanzando, aferrándose al volante con todas sus fuerzas. El aire fresco de la mañana le erizaba el vello de los brazos, que asomaban desnudos fuera de la sudadera remangada. El escalofrío que sentía desde que se había sentado al volante se intensificó. En un descuido, pisó el acelerador más de la cuenta y se asustó por el ímpetu del coche, lo que le hizo pisar el freno más fuerte de lo normal y conseguir, por ende, un brinco del vehículo.

 Un coche la adelantó y el conductor la miró con mala cara.

—Señora, ¡no se puede ir por la vida frenando! ¡Acelere! Tanto Ferrari, tanto Ferrari y luego...

Brianne se puso tensa y empezó a hiperventilar en un ataque de pánico, consciente de que estaba haciendo lo que no debía. Estaba cometiendo un gran error conduciendo el Ferrari y quería volver a casa, donde se sentía segura. Pero la calle era demasiado estrecha como para dar la vuelta, no tenía confianza para maniobrar el coche en un espacio tan reducido. Decidió seguir adelante como pudiera, con acelerones y frenazos, para girar en la siguiente esquina y regresar por la calle paralela. La locura de conducir semejante coche, gracias a Dios transitoria, habría terminado. En unos minutos estaría de nuevo en casa y el Ferrari en el garaje. Sin incidentes, sin sorpresas y sin nada que lamentar.

Avanzó por la calle, algo más calmada, hasta llegar a un semáforo que se puso en rojo. Un coche familiar se colocó a su lado. Era Charlotte, una vecina con la que apenas había tenido contacto en los dieciocho meses en los que habían vivido en el barrio. Siempre estaba estresada, de un lado para otro, y ahora lo parecía aún más, sentada al volante con su camisa de seda, su maquillaje impoluto y sus dos hijos de unos siete y nueve años detrás. No paraban de pelear por un juguete, tirando de él hasta que uno de ellos lo lanzó por la ventana sin que su madre se percatara.

Brianne lo vio y empezó a hacer señales a Charlotte para que bajara la ventanilla, pero esta, mirando de arriba abajo a

Brianne y quizá pensando que lo que quería era entablar conversación, decidió disimular y continuar su camino en cuanto el semáforo se puso en verde. Brianne, contrariada, cayó en la cuenta de lo ridícula que se veía al volante del Ferrari, con una sudadera vieja, un moño y su cara de desorientación. Seguramente habría pensado que quería presumir de coche, lo cual no podría estar más lejos de la realidad.

Brianne bajó rápido del coche aprovechando que no venía nadie para recoger el juguete, con la intención de devolvérselo a los niños. Charlotte conducía muy rápido, lo cual la obligó a acelerar para alcanzarla a pesar del miedo que le daba conducir el superdeportivo rojo. Por suerte, Charlotte paró enseguida en una gasolinera a repostar, y Brianne pudo detenerse y devolver el juguete a los niños por la ventanilla, aunque continuaron su pelea por la posesión del juguete sin ni siquiera darle las gracias.

Estaba claro que Charlotte, que había presenciado la escena sin decir ni una palabra, tampoco lo iba a hacer, así que Brianne decidió, ya que estaba allí, entrar en la tienda de la gasolinera para comprar su almuerzo. Esos lugares solían tener un poco de todo y, aunque no había parado nunca en esa estación de servicio porque no le pillaba de camino al colegio, estaba segura de que algo encontraría. Entró ante la atenta mirada del dependiente (por sus pintas era probable que pensara que había entrado a robar) y empezó a rebuscar en el pequeño pasillo de alimentación. Encontró un par de sándwiches ya preparados, manzanas y un paquete de galletas. Suficiente para pasar el día. Se puso en la cola de la caja mientras veía cómo Charlotte regañaba a los niños antes de continuar su camino.

Por un momento Brianne se vio reflejada en ella. Adoraba a sus hijos, pero a veces se ponían insoportables con sus peleas y la sacaban de quicio, sobre todo cuando estaba cansada. Suspiró pensando que aún le quedaban varios días antes de volver a verlos, los echaba mucho de menos. Eran el eje de su vida, lo que hacía que todo fuera soportable. Y una semana sin ellos era mucho tiempo, nunca se habían separado tantos días. ¿Estarían bien con Óscar? ¿La echarían de menos?

Sacó la tarjeta de crédito para pagar la compra y, en ese momento, le sonó el móvil. Hizo un gesto al dependiente indicándole que le cobrara y respondió. Era Maya, qué raro, ¿habría pasado algo?

## 6

## Expectativas soñadas

—¡Hola! ¿Qué pasa, *amore*?

—Nada, ¿qué va a pasar? ¿No puedo llamar a mi hermana o qué? Ayer te noté un poco tristona, ¿estás mejor?

—Sí, sí, no te preocupes, es que... Espera un segundo.

Brianne metió su código para pagar, cogió la compra y la tarjeta, y se dispuso a volver a «su coche» para regresar a casa. Pero al salir, vio a varias personas amontonadas alrededor del Ferrari. Se estaban sacando fotos delante de él, tocaban la carrocería y miraban alrededor buscando al dueño. No se fijaron en ella, por supuesto; seguía siendo tan invisible como siempre. Lo más probable es que estuvieran buscando a un hombre bien parecido y no a una mujer que compra sándwiches y galletas en una gasolinera. Brianne ni siquiera tuvo que disimular. Simplemente decidió esperar a que se alejaran y dejó que los curiosos siguieran buscando al supuesto hombre exitoso, que en este caso se encontraba a cientos de kilómetros de allí.

—Brianne, ¿estás ahí?

—Sí, perdona, es que estoy en una gasolinera. He salido a comprar algo de comer.

—Pero si con los restos de comida que dejan tus hijos en el coche te da para alimentarte una semana, ¡ja, ja, ja!

Brianne y Maya se rieron.

—Sí, tienes razón, pero es que no he venido en mi coche. He cogido el Ferrari.

—¿Perdona? ¿El Ferrari? ¿El Ferrari de Óscar?

—Sí, no sé qué me ha pasado por la cabeza. Como no está, simplemente lo he cogido y he salido a comprar algo.

—Brianne, me dejas atónita. Me estas tomando el pelo, ¿verdad? Mándame una foto ¡que no te creo!

—Que sí, Maya, ¡créetelo! Estoy en una gasolinera, esperando a que un montón de gente que está haciéndose selfis delante del coche se vaya.

—¡Ja, ja, ja! Ay, Brianne, me dejas muerta. Como se entere Óscar le va a dar algo, ¡ya sabes cómo son los hombres con sus coches!

—Bueno, técnicamente el Ferrari es de los dos.

—Sí, claro, pero ya me entiendes. También la lavadora es de los dos y solo la usas tú.

—¡Qué graciosa! Eso es ahora, que no podemos permitirnos tener una asistenta y él trabaja todo el día.

—Ya. No podéis tener asistenta, pero él puede permitirse tener un Ferrari.

—A ver, Maya, sé que no le tienes mucho aprecio, pero él me quiere.

—Sí, te quiere a ti y a muchas otras, Brianne. No sé por qué le das tantas oportunidades.

A Maya nunca le había gustado Óscar, le parecía poca cosa para Brianne y no entendía qué había visto ella en él. Pero a sus padres y al resto de sus amigos, a los que Óscar se esmeraba por agradar cada vez que los veía, les encantaba: tan agradable y atento, deshaciéndose en cumplidos y halagos hacia ella... A ojos de los demás, Brianne y Óscar, siempre tan correctos y tan preocupados por sus hijos, eran la pareja perfecta. Claro que nadie, excepto Maya, sabía de los desplantes y humillaciones de Óscar con Brianne ni de sus infidelidades.

—Todos cometemos errores, Maya.

—¿Errores? Engañar a alguien no es un error o un accidente, es una decisión. Y él quiere hacerlo, ¿no lo ves? No te respeta, ¡le das igual! Si te respetara, no haría nada sabiendo que te va a doler, no te engañaría continuamente diciendo que va a cambiar, que te quiere, que te necesita... ¡Es todo mentira, pura manipulación!

—No, Maya, es que quizá yo haya hecho algo que...

—¿Tú? ¿Otra vez vas a echarte la culpa? Encima de que te apuñala, ¡te sientes culpable por salpicarle de sangre! Basta ya, Bri, ¿por qué te haces esto? ¿Qué necesidad tienes de estar ahí? Óscar se aprovecha de ti, Brianne. Primero de tu dinero, luego de tu ingenuidad y generosidad para hacer siempre lo que él quiere y ahora de tu tendencia a culparte siempre de todo. Aprovecha tu culpa para que no te vayas y le dejes, mina tu autoestima para darse más valor él, haciéndote creer que tú no vales nada. ¡Eres demasiado para él y lo sabe! Pero como sigas así, pronto no te quedará nada. Y para colmo te dejará porque no tendrá nada más que sacar de ti.

**»¡No permitas que te convierta
en lo que no eres!**

Brianne se echó a llorar. Esta vez no se pudo contener y para disimular ante la gente que entraba y salía de la tienda, se puso la capucha de la sudadera para cubrirse la cara.

—¿Por qué no puedo hacerle feliz, Maya?

—Brianne, amor, no llores. No hay nada que esté a tu alcance para hacerle feliz. Ni tú, ni nadie. Por más que te esfuerces, tu amor nunca será suficiente para llenar su vacío. Eso es algo que solo puede llenar él.

—Entonces ¿por qué no me deja?

—Pero ¿cómo va a hacerlo? ¡Si tú le aguantas todo y ni te lo agradece! Siempre estás ahí para complacerle, tan dócil y discreta. Lo dejas todo por él, cuidas de su casa, de sus hijos, de su economía... ¡Eres un chollo! Le permites todo, incluso no respetarte. ¿Alguna vez le has dicho que no a algo? Óscar es un parásito que vive gracias a ti, un vampiro emocional, ¡te necesita! Tiene un serio problema y encima te hace creer que el problema lo tienes tú. ¿Cómo puedes estar tan ciega? Brianne, por favor, ¡despierta!

—¡Basta, Maya! Él no es así, estás muy equivocada. Nunca te ha gustado Óscar, y no sé por qué.

—Mira, Bri, sé que duele, pero tienes que reconocer que lo has idealizado. Te aferras a la imagen de esos primeros meses, cuando te engatusó, cuando te hacía sentir  única y especial para enamorarte. Pero era solo una máscara, y cuando ya no la necesitó para tenerte a su lado y viste su rostro real, miraste para otro lado para no sentirte mal y justificar tu decisión de quedarte con él porque era el padre de tus hijos. ¡Te acostaste con un príncipe y te levantaste con un sapo! Estás enamorada de alguien que no existe ¡y lo entiendo! Es puro instinto de supervivencia. Él finge que te ama, y tú finges que le crees. ¡Y los dos tan felices! O infelices, más bien.

—No sé de qué hablas, Maya, y me estás cabreando.

—Lo siento, Brianne, pero es que ya casi ni te reconozco, no te veo feliz, ¡con la alegría que tenías siempre! Es como si te hubieran robado el alma.

—Creo que voy a colgar.

—Escúchame bien, Brianne:

**»el amor que aceptas es el amor que crees merecer.**

»¡Y lo que Óscar te da no es amor! No es honesto, no es sincero, te mantiene a la expectativa con falsas promesas. Pero eso no es lo grave: lo peor es que tú no crees merecer algo mejor, alguien mejor, ¡y no sé por qué! Él sabrá por qué sigue contigo a pesar de no quererte, ese es su problema. Lo que me preocupa es que tú no sepas por qué sigues con él. ¿Qué hay de tus sueños? ¿De tus ganas de contribuir y de triunfar? ¡Querías hacer tantas cosas...!

—Pero los niños... ¡son mi vida! No quiero que sufran.

—Pero ¿no crees que sufren más viendo a su madre así? Infeliz, triste, apagada... ¡Menudo ejemplo! ¿Acaso quieres eso para tus hijos?

Brianne se quedó sin palabras. Era verdad. Lo que ella estaba dando a sus hijos no era lo mejor. Ellos se merecían una madre alegre, resoluta, independiente, exitosa y alegre, con ganas de vivir. Y Brianne, de esto último, ya casi no tenía.

—Además, seamos realistas, tus hijos vivirán su vida, no te quepa duda de que cuando crezcan, se irán. ¿Y qué te quedará? ¿El «amor» de Óscar? ¿O acaso crees que va a cambiar? Las personas así nunca cambian, ¡es un minusválido emocional!

Brianne se quedó en silencio mientras veía, por fin, cómo la gente se alejaba del Ferrari. A medida que se acercaba al coche, pensaba en lo que le acababa de decir su hermana. Quería ser un ejemplo para sus hijos, no les deseaba que terminaran como ella y era lo que estaban viendo. Había renunciado a sí misma, a sus sueños. ¿Y a qué había renunciado él? A nada. Se había perdido en Óscar sin darse cuenta, se había centrado en cumplir sus sueños en lugar de los de ella misma. Pero esos sueños... Ahora parecían tan inalcanzables... Ya era demasiado tarde.

—Maya, tengo cuarenta años, tres niños pequeños, estoy sin blanca para empezar nada, ¡y menos sola!

—Pero ¿desde cuándo has necesitado tú a alguien? ¡Nada es imposible para quien cree que puede hacerlo! Tú vales mucho, estás preparada de sobra y aún estás a tiempo de cumplir tus sueños o imaginar unos nuevos, ¡pero que sean tuyos! Eso es lo importante. Ven a verme, Brianne, y hablaremos. ¡Siempre hay una solución para quien la busca! Ahora no está Óscar para convencerte de que no lo hagas. Si pudiera ir a verte iría yo, ¡pero tengo el coche en el taller! Ven, ¡tenemos que hablar!

—No, Maya, déjate de tonterías y de sueños absurdos.

Brianne encontró la excusa perfecta para terminar la conversación.

—Tengo que dejarte, el Ferrari está bloqueando uno de los surtidores y me están haciendo señas para quitarlo de ahí. ¡Perdóname!

—Como quieras, llámame mañana a ver qué tal vas, ¿vale, *amore*? No me quedo tranquila.

—Sí, no te preocupes, mañana seguimos hablando, me vendrá bien.

—*Ciao, bella!*

Brianne se dirigió al surtidor, donde el empleado de la gasolinera la miró sorprendido al presentarse como la «dueña» del coche.

## 7

## Sin rumbo

—¡Ah! ¿Es suyo?

A Brianne no le apetecía dar explicaciones, así que asintió con la cabeza.

—Sí, perdone. Es que me ha entrado una llamada urgente que tenía que atender.

—Tranquila, señora, no pasa nada, no vemos muchos de estos por aquí, ¡vaya expectación! ¿Lleno?

—¿Disculpe?

—Que si le lleno el depósito.

—Ah, no, no, ¡qué va! Es que...

—¿No va lejos entonces? ¿Cuánto le pongo? Este coche debe de chupar una barbaridad, ¿cuánto consume al kilómetro?

—Pues ni idea, porque nunca lo he conducido.

—¿Cómo que nunca lo ha conducido? ¿Y cómo lo ha traído hasta aquí?

—Sí, bueno, he conducido hasta aquí, pero en realidad solo he salido a comprar algo. El coche no es mío.

—¿Prestado, entonces? Ya me gustaría a mí que me

prestaran uno, la verdad. Y el dueño, ¡qué generoso! Estas cosas no se suelen compartir.

Por alguna razón, Brianne ahora se sentía ofendida. No solo habían comprado el coche con su dinero, sino que Óscar nunca se lo había prestado. Peor aún: ella nunca se lo había pedido. Así que decidió contestarle la verdad al hombre.

—Bueno, en realidad sí es mío, solo que a veces aún no me lo creo.

—Ya decía yo... Una mujer guapa como usted y que parece tan inteligente no se merece menos.

¿Guapa? ¿Ella? Estaba claro que la estaba piropeando porque tenía un Ferrari. Desde que estaba con Óscar, Brianne no se sentía guapa. Bueno, ni guapa ni fea, porque no se veía.

—Entonces, qué, ¿le lleno el depósito o no?

—Pues no lo sé, decida usted.

—¿Yo? Pero, señora, esa decisión no me corresponde a mí. A ver, ¿adónde va? ¿Lejos o cerca?

Brianne rio por no llorar. En realidad, no sabía ni adónde iba. Ni con el Ferrari ni sin él.

**No sabía nada, estaba perdida en su propia vida: no sabía quién era, no sabía qué quería, no sabía qué tenía que hacer o si tenía que hacer algo.**

Su mundo ahora mismo estaba patas arriba por culpa de Maya, que había puesto en duda el amor de su pareja; y por culpa del agente inmobiliario, que le había sugerido usar el Ferrari, y por el hombre de la gasolinera, que la estaba interrogando sobre sus planes de futuro. ¿Y qué futuro? El suyo era una reproducción interminable de su presente, un presente que a Brianne no le gustaba, por cierto.

Aún confusa, miró el nombre del empleado en su uniforme y le contestó.

—Yo no puedo ir a ningún lado, Gabriel.

—No lo entiendo, señora. ¿Qué se lo impide? Tiene un reluciente Ferrari aquí mismo y me dice que no puede ir a ningún lado.

—Es que no tengo ningún sitio adonde ir. Así de simple. Además, estamos a punto de mudarnos y tengo que empaquetarlo todo.

—¿Y no puede retrasarlo un poco?

Brianne tuvo que reconocer en ese momento que estaba poniendo excusas. Tal como le había dicho Maya. La mudanza podía esperar. Aún faltaban varios días para que vinieran a por las cajas y los muebles y para que llegara su familia, así que tenía tiempo de sobra para hacer lo que quisiera.

—Bueno, se lo lleno, que la veo indecisa. Obviamente con gasolina de la mejor calidad para ponerlo a tope, ¡para revolucionarlo!

—Yo estoy contenta con mi coche familiar, no se preocupe. No necesito revolucionar nada.

Brianne no estaba del todo segura de lo que acababa de decir. Por alguna razón sintió que estaba mintiendo y Gabriel lo confirmó.

—La revolución empieza por uno mismo, ¡señora! No es más que la modificación radical de aquello que no nos gusta. ¿Qué habría sido de la humanidad sin revoluciones?

Brianne prefirió no contestar y esperó a que el empleado terminara de llenar el depósito.

—Hay que ver lo que chupa este depósito, ¡madre mía! Y no quiero ni pensar lo que puede costar el mantenimiento de un coche como este, ¡y más cuando no se usa, a juzgar por la capa de polvo que tiene encima!

Brianne, en silencio, agradeció su trabajo al empleado y se acercó a la caja para pagar. En efecto, el coste de llenar el depósito del Ferrari comparado con el de su coche diésel era prácticamente el doble. ¿Y cuánto costaría el mantenimiento del que le había hablado Gabriel? Brianne no podía entender que Óscar hubiera estado gastando tanto dinero en un coche que no usaba mientras ella siempre trataba de no usar el familiar más de la cuenta para no derrochar.

Contrariada, subió al coche y regresó a casa con menos trompicones que a la ida, parecía que le iba cogiendo el truco al Ferrari. En cuanto llegara, iría directa a desempaquetar su ordenador y comprobar las cuentas bancarias vía internet. No lo hacía nunca, era Óscar el que se encargaba de supervisar las cuentas, pero sentía curiosidad por saber cuánto gastaba en el mantenimiento del Ferrari. Le parecía injusto que él derrochara en cosas «personales» y ella siempre estuviera tratando de ahorrar hasta en las cosas más sencillas, como el material escolar de los niños, reciclando cuadernos y libros. En cuanto llegó a casa, aparcó el Ferrari en el garaje, cerró la puerta y fue directa a buscar el ordenador. Encontró la libreta de Óscar con las claves de las cuentas y, una vez conectada, repasó los últimos movimientos de la cuenta común.

Muy a su pesar, Brianne no solo encontró los carísimos pagos del mantenimiento del Ferrari que buscaba, sino que descubrió otros gastos que no esperaba. Se quedó helada y atónita ante la pantalla, tratando de digerir el agudo dolor que sentía en el pecho por el bofetón de realidad que acababa de recibir. Una cruda realidad que confirmaba sus sospechas de que, desde hacía mucho tiempo, Óscar vivía una vida paralela sin Brianne.

Vio transacciones en floristerías, joyerías, restaurantes y hoteles. Incluso en tiendas de lencería. Y obviamente nada de eso había sido para ella. No desde que se quedó embarazada y terminó la conquista, como decía Maya.

Brianne estalló en lágrimas de rabia. Óscar era un fraude, y su vida con él estaba siendo una gran estafa. Se había dejado engañar, o se había autoengañado, ¡qué más daba! El caso es que se había enamorado de alguien que no existía, convivía con alguien que no conocía, amaba a alguien que no la correspondía. Óscar solo era la sombra de quien un día creyó conocer.

Brianne se sintió estúpida, avergonzada, humillada y profundamente triste. Prefirió no seguir mirando movimientos bancarios y apagó el ordenador. Maya tenía razón. Óscar no tenía ninguna intención de cambiar, hacía lo que hacía porque quería. Óscar era como era, no como a Brianne le gustaría que fuese.

**Y todo continuaría igual mientras lo siguiera permitiendo. No había ningún cambio que esperar, ¡nada iba a cambiar si ella no lo hacía!**

## 8

## Soltando lastre

Brianne se levantó. Cogió una de las maletas que aún estaban vacías y comenzó a llenarla sacando ropa que había empaquetado el día anterior. Metió ropa de verano, de invierno, un chubasquero para la lluvia, paraguas, pijamas, zapatos, botas, sandalias, crema hidratante, un libro, champú, gel, cepillos, pasta de dientes, vitaminas, gomas de pelo... Al poco rato ya la tenía llena. Superllena, como siempre. Llena de «por si acasos» porque, allí donde iba, no sabía exactamente qué clima haría, qué actividades realizaría ni con qué gente se encontraría.

Nada más cerrar la maleta se quedó inmóvil: le resultaba extraño el hecho de preparar solo la suya y no la de los niños ni la de Óscar. Ella misma se las había preparado para que fueran a Saint-Tropez, asegurándose de que no les faltara nada. Sin pensarlo más, se secó las lágrimas con la manga de la sudadera y arrastró la maleta hasta el garaje.

Una vez allí, intentó meterla en el maletero del Ferrari, pero se dio cuenta de que era demasiado grande. La maleta no cabía de ninguna de las maneras. Brianne gritó.

—¡Vaya mierda de maletero para un coche tan caro!

Así que volvió a su habitación, cogió una mochila y metió lo estrictamente necesario: algunas camisetas, unos vaqueros, ropa interior, jerséis y artículos de aseo. Si necesitaba algo más, lo compraría por el camino. No repararía en gastos.

Brianne miró de reojo el equipaje que había desechado sobre su cama y sintió el peso de todo aquello: de la maleta, de su relación y de su vida. De nuevo, le empezó a faltar el aire. A su alrededor solo veía cajas, cajas que no deseaba volver a abrir nunca más. Cajas que no necesitaba porque estaban llenas de objetos inútiles y obsoletos de los cuales no se atrevía a deshacerse porque tenían valor sentimental, porque igual los necesitaba algún día o porque había pagado mucho por ellos: ropa de los niños de cuando eran bebés, piezas de decoración que seguramente no encajarían en la nueva casa, libros de texto de la carrera, dibujos y trabajos de cuando era pequeña, fotos de sus inicios con Óscar, ropa de cuando pesaba veinte kilos menos...

Brianne se estaba quemando en esa habitación, en esa casa, en esa vida... Saltó de la olla y salió corriendo hacia el garaje con su mochila. Encendió el motor del coche, pero esta vez no se asustó de su rugido. Todo lo contrario. Lo sintió vibrar por todo su cuerpo, como una pequeña convulsión, como cuando sabes que algo está a punto de suceder, como cuando inicias el ascenso en una montaña rusa y sabes que, antes o después, llegará la trepidante y tan ansiada bajada.

Apretó el botón del mando del garaje. Ella, que temía

lo desconocido; ella, que odiaba lo espontáneo, lo imprevisto, lo impulsivo; ella, que detestaba no poder planificar y organizarlo todo, ¡lo estaba haciendo! Brianne estaba huyendo, estaba alejándose de su vida, al menos metafóricamente, porque en realidad su vida actual ya se hallaba lejos, en concreto a cientos de kilómetros de distancia, en Saint-Tropez. Allí estaba todo lo que ella era. Lo que ella se había reducido a ser.

**La que conducía el Ferrari era solo la sombra de la que un día fue, pero una sombra dispuesta a recuperar su luz, el brillo perdido que jamás debió dejar escapar. Porque cuando caminas hacia al sol, la sombra siempre queda atrás.**

Estaba a punto de emprender un largo viaje en solitario, en busca de sí misma y de su esencia; un viaje que no hacía por otros sino por ella misma; un viaje en el que Óscar no marcaba la ruta ni el destino; un viaje en el que no tenía que llevar a nadie salvo a ella misma. Brianne conduciría, Brianne tendría el control, Brianne decidiría.

La puerta del garaje se abrió poco a poco, casi al mismo ritmo que crecía en ella una desconocida pero placentera sensación de libertad y desahogo.

Brianne tenía miedo. Miedo de no saber qué o a quién se iba a encontrar; miedo de no ser capaz de conducir el coche durante todo el viaje; miedo de no llegar a destino sin antes perderse mil veces; miedo de no llevar consigo todo lo necesario para el camino; miedo de no saber dónde iba a parar. Pero de lo que ya no tenía miedo era de no estar haciendo lo correcto, de decepcionar a Óscar o a sus hijos, a sus padres, a sus amigos...

**Se armó de valor y sintió el intenso escalofrío de lo desconocido, consciente de que lo más desconocido era, precisamente, ella misma.**

Solo había un lugar en el que reencontrarse, en el que reconocerse, en el que reconectar con su identidad. Un lugar en el que fue feliz antes de perderse y donde los sueños y las promesas de futuro aún eran posibles. Y ese lugar era Originia, su ciudad natal.

Aferrada al volante del coche como quien se aferra al timón de un barco a la deriva, Brianne salió del garaje, temerosa pero decidida. Originia estaba a muchas horas de camino, pero no le importaba en absoluto. Sin duda, el viaje merecería la pena. No estaba dispuesta a pasar los próximos días rodeada de cajas y magdalenas rancias empaquetando de nuevo su vida, más rancia incluso que esas magdalenas, mientras su familia lo pasaba bien en Saint-Tropez, sobre todo Óscar.

Agradeció infinitamente que el Ferrari fuera descapotable. El aire entraba en sus pulmones disipando, poco a poco, los restos de angustia y ansiedad por la posibilidad de estar haciendo algo inadecuado, inapropiado, prohibido.

Comenzó a seguir la ruta que le indicaba el GPS y que, paradójicamente, le hizo pasar por delante de la gasolinera en la que había repostado un rato antes. Gabriel, el chico

que le había llenado el depósito, le hizo un gesto en señal
de aprobación al verla pasar y Brianne se lo devolvió con
una gran sonrisa. En el fondo, quizá estuviera haciendo lo
correcto, ¡quién sabe! Continuó su trayecto alejándose
cada vez más de aquel barrio a cuyos vecinos no le había
dado tiempo a conocer bien y, a cada kilómetro, la adrenalina se iba apoderando poco a poco de ella. Notaba que el
coche respondía perfectamente a sus órdenes, los neumáticos se agarraban a la carretera con firmeza, los cambios
eran suaves y la estabilidad del vehículo la reconfortaba. Se
rio al pasársele por la cabeza la loca idea de que quizá el
Ferrari estaba hecho para ella. O ella para el Ferrari, según
se mire.

En ese momento Brianne recordó a su madre, Rose,
que se empeñó en sacarse el carnet de conducir cuando
ella y Maya aún eran pequeñas. No lo necesitaba para
nada porque vivían en una ciudad tranquila y pequeña
donde se podía ir caminando a todos lados, y tampoco
tenían dinero ni para comprar un coche adicional, ni para
irse de vacaciones. Pero Rose se empeñó tanto que se sacó
el carnet de conducir después de los cuarenta y a pesar de
lo mucho que les costó ahorrar para pagarlo. Sin embargo,
nunca condujo ningún coche y Brianne jamás lo entendió.
¿Para qué quería el carnet entonces? Algún día se lo pre-
guntaría.

Frank, el padre de Brianne, era quien conducía, quien
tomaba las decisiones y quien traía el dinero a casa. Traba-
jaba a doble turno en una fábrica y apenas le veían porque
llegaba muy tarde a casa. Rose era costurera, pero tuvo que
dejar su trabajo al quedar embarazada para cuidar de ella

y de Maya. Criar a gemelas y con pocos recursos no debió de ser fácil. Aun así, tuvieron siempre todo lo necesario y Brianne recordaba una infancia muy feliz. Rose cuidaba mucho de Frank, siempre atenta, siempre servicial. Y él proveía de lo necesario para que en casa no faltara de nada. A ojos de Brianne, eran la familia perfecta a pesar de sus pequeñas discusiones matrimoniales, que siempre y sin excepción terminaban con un «perdón mutuo» y un beso.

A Brianne le costó mucho abandonar su ciudad y su familia para irse a estudiar al extranjero. Sus padres habían ahorrado durante muchos años para pagarles los estudios a ella y a Maya, privándose de vacaciones, regalos, coches modernos, cenas en restaurantes... Sin embargo, Maya prefirió no estudiar, no se le daba bien, y pronto se puso a trabajar de ayudante en el comedor del colegio al que fueron de pequeñas. Todas las esperanzas estaban puestas en Brianne, la hija que sacaba buenas notas, la que ganaba todos los premios posibles de pintura, escritura y matemáticas, una combinación nada habitual.

No los podía defraudar. Esperaban que triunfara y eso, a ojos de sus padres, significaba ganar mucho dinero. Tanto Frank como Rose habían tenido una infancia muy dura, habían pasado muchas calamidades por falta de dinero y no querían que eso les ocurriera a sus hijas. Y Brianne estaba profundamente agradecida por la oportunidad que le estaban dando para conseguirlo, para alcanzar todo lo que ellos nunca tuvieron. Se prometió esforzarse por ser alguien, por hacer sentir orgullosos a sus padres, a su hermana, a sus amigos y a ella misma; se prometió ganar todo el dinero que siempre faltó en su familia, aunque eso significara dejar a un lado su deseo de ser pintora o escritora, sus grandes pasiones.

Tal y como estaba previsto, inició su carrera financiera y empresarial nada más graduarse en la universidad de negocios *cum laude*, ¡era una joven promesa! Le iba cada vez mejor y le encantaba su trabajo. Pronto llegó a la cima del éxito y ganaba mucho dinero, ¡mucho! Sin embargo, en lugar de sentirse feliz, sentía que no era suficiente, empezó a pensar que quizá todo había sido cuestión de suerte y que en realidad no valía nada. Quizá no era tan brillante como parecía, por lo que se sentía una impostora, alguien que no merecía lo que había conseguido. Pero conoció a Óscar, que borró todas sus inseguridades alabando sus éxitos, aceptándola tal cual era, llenándola de elogios, exhibiéndola como un trofeo delante de su familia y amigos. Brianne se quedó embarazada y, simplemente, una cosa llevó a la otra.

## 9

# La mirada al frente

Brianne miró por el retrovisor. Su barrio había quedado ya muy lejos y los pueblos que iba dejando atrás se veían diminutos en el pequeño espejo, casi tanto como se sentía ella en aquel momento, contemplando su pasado desde la distancia, desde la memoria. De repente, pegó un volantazo. Se había despistado y no vio una piedra en medio de la carretera, que trató de esquivar bruscamente provocando que el coche que venía de frente colisionara con una señal de tráfico para no chocar con ella. Por suerte, no fue grave, una rueda del Ferrari pinchada y una abolladura en el otro coche. Pero el susto fue tremendo.

A Brianne le dio un ataque de ansiedad mientras veía cómo el otro conductor se bajaba de su coche e iba hacia ella. Le faltaba el aire, su corazón palpitaba a cien por hora y sentía un ligero mareo. Lo sabía. ¡No debería haber cogido el Ferrari! Ojalá estuviera en su casa empaquetando y el coche a salvo en el garaje. Ninguno de los dos estaba herido, pero lo podría haber estado. O podría haber sido incluso peor. Brianne no quería ni pensarlo. Se sentía tonta, culpable, avergonzada... Pero ¿quién se había creído que era ella para coger ese coche e irse sola de viaje? Cuando Óscar se enterara, le daría un infarto. Esta vez sí que no la perdonaría. La había liado pero bien.

—Señora, ¿está bien?

Era un hombre de unos sesenta años, parecía tranquilo. ¿Cómo podía mantener la calma en un momento como ese? El lateral de su coche estaba hecho un desastre y, aun así, no se mostraba enfadado.

—Sí, sí. No se preocupe. ¿Y usted?

—Sí, tranquila. Imagino que tendrá un seguro, ¿no? ¿Hacemos el parte? Ellos se encargarán de todo.

—Sí, claro, los papeles deben de estar por aquí.

Rebuscó en la guantera del coche y los encontró.

—Muy bien, rellene estos campos de aquí con su nombre, dirección, etcétera, y yo me ocupo de estos. Me llamo Alfredo, por cierto. Pero tranquilícese, señora, que no ha sido nada. No hay nada que no se pueda arreglar, ¿no cree?

Brianne suspiró. Sí, el coche de aquel hombre y la rueda se podían reparar. Lo que no se podía arreglar era ella, tan inútil, torpe y despistada.

—¿Qué le ha pasado? ¿Iba distraída?

—Me temo que sí, lo siento. No conduzco muy bien. Iba mirando atrás por el retrovisor del coche, pensando en el pasado para entender cómo he llegado hasta aquí.

—Pero... Brianne... Así se llama, ¿no? Eso ha puesto en el parte de accidente.

—Sí.

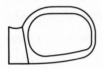

—¿Por qué cree que los retrovisores son más pequeños que los parabrisas y lo muestran todo tan pequeño?

Brianne se quedó pensativa. ¡Qué pregunta tan extraña!

**—El camino que tenemos delante
es más importante que el que dejamos atrás.
No se puede conducir mirando lo pasado.**

Brianne asintió, cabizbaja.

—En la conducción, lo importante es mantener siempre la mirada al frente para no distraerse contemplando el camino recorrido, ¿de qué le vale? ¡Eso ya pasó! Si mira atrás no podrá ver lo que tiene delante, no podrá disfrutar de nuevos paisajes y tampoco prever obstáculos o curvas peligrosas.

**»Mantenga en su memoria todo lo bonito
del pasado, aprenda las lecciones y úselas
para maniobrar mejor en el futuro.
Y, sobre todo, ¡disfrute de la
variedad del camino!**

Brianne le dio las gracias, no solo por los consejos, sino por no haberse enfadado con ella.

—¿Por qué me iba a enfadar? No sea tonta, nos podría haber pasado a cualquiera. Lo importante ahora es no repetir el error y centrarse en la carretera. Esté tranquila, aparque en el arcén mientras averiguamos cuál es el taller más cercano para su rueda. El arreglo de mi coche puede esperar, pero usted no puede proseguir así su camino. Por cierto, ¿adónde va? ¿O acaso vuelve?

—Pues no estoy segura, la verdad. No tengo claro si vengo o voy.

Brianne no sabía qué hacer. Quizá era hora de volver. La aventura se le estaba yendo de las manos y había tenido un accidente. ¿Y si todo era un error? Ya se había demostrado que podía hacerlo, ¿no? Igual que su madre al sacarse el carnet de conducir. Pues eso. No necesitaba demostrar nada más. Daría media vuelta y volvería a su lugar, al sitio que le correspondía. Afrontaría la infidelidad de Óscar como ya había hecho en el pasado, y tratarían de solucionarlo juntos. Ya estaba bien de intentar engañar al destino.

Se acordó de las ranas. No quería decepcionar a nadie saltando, y tampoco había nada fuera para ella. ¿Quién era ella para pensar que quizá merecía algo diferente? ¿Cómo se atrevía a querer más? Tenía tres hijos maravillosos, guapos, inteligentes y con buena salud; ella también estaba sana a pesar del exceso de kilos y Óscar estaba en plena forma; y, para ser sinceros, a pesar de los apuros económicos no les faltaba de nada. ¿Acaso tenía derecho a quejarse? No, de ninguna manera. Estaba siendo caprichosa y egoísta por pensar en sí misma. Todo estaba bien como estaba. Además, no había nada que ella pudiera hacer para cambiarlo. Mejor dejarse, de una vez por todas, de fantasías absurdas y cuentos de hadas.

—Anda, mire. ¡qué casualidad! Hay un taller justo detrás de ese bar de carretera de ahí. Creo que podrían recoger su coche sin problema ahora mismo si se lo pide. ¿Quiere que la acompañe?

—No, no, gracias, Alfredo. Ya me las arreglo sola. Bastantes inconvenientes le he causado.

—Bueno, pues como quiera. Por mi coche no se preocupe, mi seguro se encargará de todo. Usted solo tendrá que ratificar el atestado cuando la llamen del suyo. Vaya, ¡vaya tranquila! No se preocupe por nada. ¡Y conduzca con cuidado, la mirada siempre al frente!

Brianne le dio las gracias de nuevo, cogió su mochila y caminó hasta el taller, más tranquila. Pero la calma le duró bien poco porque cayó en la cuenta de que el seguro ¡llamaría a Óscar! El Ferrari estaba a su nombre, y era su teléfono el que tenían. Por mucho que cambiara la rueda y devolviera el coche intacto antes de que él regresara, se enteraría.

La verdad es que el taller no tenía muy buena pinta, se veía bastante humilde y sucio. Había dos coches destartalados que parecían recién salidos del desguace aparcados en la entrada, al lado de varias pilas de neumáticos de segunda mano. Una mujer mayor y muy morena de piel estaba sentada sobre una caja de madera, apoyada en la pared con los ojos cerrados. Debía de estar echando la siesta. A su lado, una cabra atada con una fina cuerda bebía agua de un cuenco.

Hacía mucho calor. Brianne entró tímidamente en el taller, donde un joven fornido, con buzo de mecánico y la cara llena de grasa salió a atenderla.

—Dígame.

—Buenos días, verá… Se me ha pinchado una rueda ahí mismo, en la carretera principal, y necesitaría cambiarla para poder proseguir mi camino. ¿Cree que sería posible?

—Pues está de suerte porque estamos teniendo una mañana muy tranquila. Deme las llaves, que remolcaremos el coche hasta aquí y en menos de una hora lo tendrá listo.

—¡Qué bien! De acuerdo, pero tenga cuidado.

Brianne le dio las llaves y caminó hacia el bar para esperar allí. Pediría algo de comer, había olvidado la compra de la gasolinera en casa y tenía hambre. Tomaría algo rápido en la barra y, definitivamente, volvería a casa. Si se daba prisa, conseguiría llegar antes de que anocheciera. Entró en el bar, se sentó en un taburete y esperó a que la atendieran.

## 10

## Ojos que no ven

—¿Qué le pongo, señora?

—Pues... Un pincho de esa tortilla de patatas.

—Buena elección, la ha hecho mi marido, ese de ahí, el cocinero. ¡Y está riquísima! Cocina de maravilla.

—¿Ah, sí? Mi marido también. Yo, en cambio, soy nula para eso.

—Le añado un par de salchichas, ¡son frescas!

Brianne se quedó paralizada. De repente, le vino a la memoria un incidente que creía tener olvidado pero que, sin duda, seguía intacto en algún lugar de su mente. En ese preciso momento lo recordaba con todo lujo de detalles. Se trataba de algo muy extraño que le ocurrió con Óscar, a los pocos meses de estar saliendo juntos.

Brianne lo invitó emocionada a cenar a su casa, antes de ir al cine juntos. Prepararía algo sencillo porque no tenían mucho tiempo y, además, a Brianne nunca le había gustado perder demasiado tiempo en la cocina, ¡había cosas mucho más interesantes que hacer en la vida! Así que decidió sorprenderle con una simple tortilla y unas salchichas: rápido, rico y nutritivo. Estaba muy ilusionada porque era su primera cena casera juntos, siempre iban a restaurantes y esta vez sería diferente, más íntimo. Óscar se deshacía en detalles con ella, no paraba de decirle lo enamorado que estaba, le dejaba rosas en la puerta, la llevaba a sitios preciosos por sorpresa...

Así que esta era su oportunidad de demostrarle que ella también le quería. Se esmeró en preparar la mesa, abrió una botella de vino y recibió a Óscar con una gran sonrisa cuando llegó. Se sentaron a cenar y para su sorpresa, cuando él vio la comida en su plato, se puso serio. De repente lo cogió, fue a la cocina y lo tiró a la basura, recriminando a Brianne lo mal que cocinaba y el poco esmero que había puesto en la preparación. Ella, atónita y sin saber qué decir, se limitó a observar cómo Óscar cogía sus cosas y se iba dando un portazo.

Brianne no entendía lo que acababa de ocurrir. Este repentino desenlace no se parecía ni por asomo a la cena romántica que había imaginado. Con los ojos húmedos miró su plato, y sí, era cierto que la tortilla no era perfecta y alguna salchicha se había tostado demasiado, pero no era como para ponerse así. Los insultos, las voces y los portazos de Óscar eran totalmente injustificados. No hacía mucho que se conocían, y en aquel momento, a pesar de gustarle mucho, Brianne dudó si seguir con él o no: tenía infinidad de pretendientes y toda una vida por delante. ¡Solo tenía veintiocho años!

Pero Óscar volvió y Brianne, de nuevo, lo perdonó. Él la abrazó fuerte pidiéndole disculpas, diciéndole que había sido culpa de ese lado oscuro que decía que tenía y que a veces no podía controlar; que estaba seguro de que Brianne le entendería y le ayudaría a superarlo; que estaba muy enamorado; que nunca había conocido a nadie como ella y que jamás le haría daño. Brianne recordó que Óscar incluso había llorado. Algo que solo hacía cuando rogaba que no le dejara. Brianne no se dio cuenta de que la camarera la estaba mirando atónita porque se había echado a llorar, sin más, delante del plato de tortilla con salchichas. Para disimular, le pidió un poco de sal.

—¿No le gusta?

—No, no, no es eso. Es que me ha recordado algo de repente, y me he puesto triste.

—¿Tanto como para echarse a llorar? ¡Pues sí que debe de ser grave!

Brianne decidió contarle la anécdota de la cena que terminó en la basura, y la camarera se quedó de piedra.

—Pues, señora, a mí me hace eso mi marido y ahí se queda. No me vuelve a ver el pelo.

—Disculpe, ¿qué quiere decir?

—Pues que le habría dejado, sin pensarlo. Eso no se hace aunque la cena esté horrenda. Vaya falta de tacto, de educación y de todo, especialmente de amor. Señora, no soy nadie para dar consejos, todos tenemos nuestros defectos, pero algo sí le digo:

**»si alguien le muestra cómo es,
¡créale a la primera!**

Brianne se quedó callada y pensativa.

—Hay relaciones que no funcionan ni aderezándolas con un poco de sal, como está haciendo usted con la tortilla. Apuesto a que no ha sido la única vez que su marido le ha hecho un desplante.

La camarera tenía razón. Esa no fue la primera ni la última vez que Óscar no aprobaba algo de Brianne. Recordó la escena del coche, cuando le reprochó su manera de conducir y lo despistada que era; se dio cuenta de que él siempre la criticaba por su manera de comer, de vestir, los kilos de más, la ausencia de disciplina con los niños, la falta de ejercicio, el afán de control, la manía por el orden... Y su manera de expresarlo siempre era ridiculizándola con comentarios hirientes disfrazados de humor, acompañados de reproches, malas caras, indiferencia y muchos muchos desplantes. Y también, claro está, las infidelidades, Brianne nunca se había sentido tan traicionada, humillada, despreciada y descartada.

Las ranas del documental acudieron de nuevo a la mente de Brianne, aguantando grado tras grado sin darse cuenta, pensando que la alta temperatura era normal y estaban a salvo. Pero Óscar la hacía sentir confusa. Unas veces era así de crítico con ella y otras tenía pequeños gestos de amor como servirle la cena, o decirle que la quería y era la mujer de su vida, que sin ella él no era nada.

La camarera, al ver la cara de confusión de Brianne, prosiguió:

—Señora, tranquila, no es culpa suya. ¡Los ojos nunca ven lo que la mente no quiere ver!

¿Qué quería decir? ¿Que no estaba viendo la realidad tal cual era? ¿Se estaba engañando a sí misma? ¿Y si la camarera y Maya tenían razón, y Brianne había preferido mirar a otro lado para no ver la realidad, por más señales que le diera Óscar con sus mentiras, sus engaños, su maltrato y sus traiciones?

**—No confunda amor con necesidad.
A veces creemos que amamos y en realidad
solo buscamos complacer para que nos
quieran y nos acepten.**

»Y si necesitamos que otros nos quieran, ¡es porque nosotros no nos queremos lo suficiente! ¡Así de fácil! No se puede querer a nadie sin querernos antes a nosotros mismos.

Brianne tragó saliva. Se sentía aún más confundida. ¿Cómo no iba a querer a Óscar? Llevaban doce años juntos, era el padre de sus hijos. Pero ¿y si solo buscaba su aprobación para sentirse querida?

No podía ser. ¿Cómo habría aguantado tantas cosas si no era por amor?

¿Y Óscar? ¿Tampoco la quería a ella? ¿Y si Maya tenía razón? ¿Y si solo la necesitaba para sentirse alguien? Quizá por eso la engañaba una y otra vez, para sentir que tenía poder sobre ella; por eso la menospreciaba quitándole méritos, para sentir que él valía algo. Por eso la convencía siempre de dejar su trabajo, a sus amigos, a su familia..., para aislarla y que dependiera únicamente de él.

Brianne no se lo podía creer. ¿Nunca había habido amor entre los dos, solo necesidad mutua? ¿Doce años tirados a la basura? Por primera vez se dio cuenta de que había fabricado una realidad imaginaria a su medida, llena de expectativas irreales. Ella había confiado en que, si se esforzaba y aguantaba, con el tiempo todo iba a cambiar, él cambiaría como tantas veces le había prometido. Solo era cuestión de tiempo y de mucho amor.

## 11

## Todo el camino por delante

**—Otras veces creemos que tenemos que querer a alguien, que estamos obligados por alguna razón. Y nos esforzamos por hacerlo cueste lo que cueste, para no defraudarnos a nosotros mismos, a nuestra familia, a la sociedad...**

»¿Ve lo tontos que somos? ¿Cuántas personas mantienen relaciones por pena, por ayudar al otro? ¿Cuánta gente sigue en trabajos que no les satisfacen, en amistades que no les convienen? Suponemos que si no lo hacemos somos malas personas, o no obramos de la manera correcta, incluso si estamos renunciando a querernos y cuidarnos a nosotros mismos. Cargamos con responsabilidades y obligaciones que no nos corresponden. ¿Es ese su caso, señora?

—Podría ser, me temo. Llevo años luchando por nuestro matrimonio a pesar de que no soy feliz en la relación, no me siento bien conmigo misma, no soy yo. Pero es mi obligación, ¿sabe? ¿Cómo le voy a dejar? ¡Es el padre de mis hijos! Además me necesita, nos prometimos amor incondicional. Yo nunca le abandonaría. Hay que aguantar, ya llegarán tiempos mejores.

—Claro, y si le aprietan los zapatos se aguanta en vez de ponerse unos de su talla, ¿no? ¿Pretende caminar por la vida llena de llagas y heridas? ¿O acaso cree que el zapato crecerá con el tiempo ? ¡Vaya tontería! No se puede pretender que el otro cambie para que encajemos en su vida. O cabe el pie o no cabe, no hay más. Tratar de amputarlo o encogerlo para que entre a la fuerza ¡solo trae sangre y lágrimas!

Brianne no pudo evitar echarse a llorar.

—Séquese esas lágrimas, señora. ¡El mundo está lleno de zapatos! ¡No se preocupe! No tiene por qué caminar con unos más pequeños de los que usted merece, ya encontrará unos que se ajusten a su horma.

**»No se conforme con un par barato que le aprieta, le hace rozaduras y le impide caminar con paso firme por la vida, ¡con todo el camino que tiene por delante!**

A Brianne, a pesar de las lágrimas que aún se secaban en sus mejillas, se le escapó una risita que iluminó su cara como un arcoíris un día de lluvia. No estaba ella ahora para pensar en zapatos nuevos. Hacía tanto tiempo que...

—Si duele, señora, no es amor. Nos han educado con mentalidad de víctimas, de sufridoras. Pero no hay que sufrir para que una relación funcione. Por el amor no se lucha. El amor, si se tiene, se cuida y se disfruta, se comparte. Y si no es así..., ¡mejor dejarlo a tiempo antes de perder la dignidad y el amor propio! Perdone la expresión, pero ¡no merece la pena aguantar un cerdo entero por cien gramos de chorizo! ¿Entiende?

Brianne no pudo evitar soltar una carcajada. El comentario de la camarera había sido tan vulgar pero a la vez tan acertado... ¿Qué era lo que realmente le aportaba Óscar? En realidad nada, comparado con todo lo que Brianne estaba soportando.

—¡Vaya cosas tiene! Entiendo lo que dice, pero es que son tantos años de relación... He luchado tanto por ella...

—O sea, que como ha invertido mucho en algo que no funciona, ¿mejor seguir invirtiendo y conservándolo sin dejar espacio para otra cosa que sí funcione? No trate de salvar lo insalvable, solo perderá un tiempo precioso ¡y la vida es corta!

Brianne asintió.

—Escuche, se lo explicaré con un ejemplo. Nosotros hacemos una compra de comida semanal para el bar. Elaboramos nuestros menús y la gente pide lo que más le apetece. Es imposible que sepamos lo que va a tener salida, así que cada día revisamos las cámaras frigoríficas para comprobar si hay algún alimento en mal estado que no se haya pedido, y lo retiramos. No tiene ningún sentido que lo mantengamos ahí en vez de tirarlo a la basura solo porque hayamos pagado un precio alto por ello. Nunca sabrá bien, por mucha sal o condimento que le pongamos, ¿sabe? Lo podrido, podrido está, y no solo no dejaría espacio para la nueva compra, sino que contaminaría el resto de los alimentos, ¿entiende?

—Claro, tiene razón.

Brianne se dio cuenta de que su relación era como esos alimentos caducados. Había pasado muchos años tratando de salvar lo insalvable, tratando de hacer funcionar una relación en la que no encajaba, una relación podrida que no iba a saber bien por mucho tiempo que pasara o por muchos condimentos que le pusiera. De hecho, ese había sido su único objetivo en los últimos años, ¡había puesto el foco donde no era! Se sintió triste por haber perdido tanto tiempo con Óscar. Su relación estaba ocupando tontamente un espacio en su vida que podría dejar libre para cosas nuevas, para otras relaciones, para sí misma. Tantos esfuerzos y sufrimiento para nada. En el fondo, sentía lástima.

—¡Que no le dé pena dejarlo, Brianne! No tenga miedo de perder a quien no se siente afortunado de tenerla.

Eso era cierto. Nunca había tenido el amor de Óscar. Su relación nunca había sido sana, no se había basado en el amor sino en la dependencia, en la manipulación emocional, en las mentiras... Si le dejaba, perdería todo eso y además se ganaría a ella misma.

—No es tan fácil tirarlo todo por la borda, ¿sabe? Mi vida es algo complicada.

—La vida puede ser tan complicada como usted quiera. Si está podrido, ¡a la basura! ¿Qué tiene eso de complicado? No hay nada que pensar, deje de darle vueltas. Nunca es tarde para dar un giro a su vida y empezar algo nuevo. No puede cambiar el principio, pero sí puede cambiar el final. Y eso depende solo de usted.

Brianne se secó las lágrimas y reconoció que eso era cierto. No podía cambiar el pasado, pero sí aprender de él y diseñar su futuro con las decisiones que tomara ahora, en su presente. Como le había dicho Alfredo, el camino que le esperaba estaba delante, no detrás. Que hubiera pasado por parajes feos y sombríos no significaba que se fueran a repetir más adelante; que no hubiera sabido sortear algunas piedras no significaba que no pudiera aprender para no hacerlo más adelante.

Brianne se quedó en silencio. La camarera retiró su plato y Brianne dejó dinero para pagar la comida y le agradeció el rato que habían pasado juntas y sus consejos.

—De nada, señora. Lo que necesita ahora es continuar su camino y pegarse un buen viaje, ¡ya me entiende! Se lo merece.

Se dieron un abrazo y Brianne salió del bar más feliz de lo que había entrado. Se dirigió al taller para recoger su coche, sin saber aún si seguiría su camino o volvería a casa para arreglar las cosas.

## 12

## Una cadena imaginaria

El coche ya estaba listo y preparado en la entrada, al lado de la anciana y la cabra que miraba nerviosa un cubo lleno de heno. Estaba a un par escaso de metros, pero la cuerda a la que estaba atada no era lo suficientemente larga para alcanzarlo. Sin embargo, era tan fina que la cabra podría romperla con solo tirar un poco de ella. ¿Por qué no lo hacía? Estaba claro que quería comerse el heno. ¿Qué se lo impedía?

El mecánico interrumpió los pensamientos de Brianne.

—Aquí tiene las llaves, señora, le hemos puesto una rueda de la mejor calidad. Si me acompaña dentro, le doy la factura y puede realizar el pago.

—Sí, claro. Perdone, la cabra tiene hambre, ¿no?

—¡Ah! ¡La cabra! Se llama Doris. Está con nosotros desde que era pequeña, ¡es una más de la familia! Ya comerá cuando le toque, ¡las cabras no se saben administrar! Se comen todo lo que encuentran y pueden enfermar. Debemos tenerla controlada.

—Pero podría romper la cuerda y comer cuando quisiera. ¡Es demasiado fina!

—Qué va, ella nunca va a tirar. No cree que pueda romper la cuerda, así que ni lo intenta.

—Disculpe, pero no le entiendo. ¿Por qué cree que no la puede romper? ¡Solo ha de tirar un poco! ¿Acaso la cabra tiene algún retraso?

El hombre estalló en carcajadas.

—No, no tiene ningún retraso, todo lo contrario. ¡Es una cabra muy lista! Pero lleva atada con esa misma cuerda desde que era muy pequeña, y en aquel momento no la podía romper por más que lo intentara.

—Ya, pero ahora es mucho más grande, su cuerpo y su fuerza no tienen nada que ver con la de antes y, sin embargo, la cuerda sigue siendo la misma.

**—Hace mucho que lo dejó de intentar porque asumió que nunca podría, así que, como cree que no puede, no puede. Jamás será capaz porque no lo intenta.**

»¿No le ha pasado alguna vez lo mismo, señora? Creer que no puede hacer algo porque una vez no fue capaz, aunque ahora esté más preparada y sea más fuerte. ¡Las personas no somos tan distintas de Doris como creemos! En vez de cuerdas tenemos cadenas imaginarias, vivimos atados a cosas y personas pensando que siempre seremos prisioneros cuando, en realidad, podemos irnos en el momento que queramos. Pero como creemos que no podemos... pues eso, ni lo intentamos, no es una opción en nuestra mente.

Brianne se sintió mal. Esas palabras habían sido como un jarro de agua fría. Llevaba años poniendo excusas para seguir con Óscar, para continuar dejando que él decidiera todo por ella, para no luchar por sus sueños. Se sentía atrapada, pero ni siquiera se había dado cuenta de que podía salir de ahí, pensaba que era su destino ¡y que no podía hacer nada! ¿Cuántas oportunidades se había impedido ver? ¿Cuántos sueños se había negado cumplir? ¿Cuántos amigos, proyectos, lugares había renunciado a conocer?

—La desesperanza es la asesina de los sueños, señora. Los mata incluso antes de que se atrevan a nacer.

Brianne asintió dándole tristemente la razón, y entraron dentro.

—Aquí tiene, la factura y un calendario de bolsillo de regalo.

Brianne pagó agradeciéndole el regalo y se dirigió a su coche. El chico la llamó y ella se giró, ¿se habría olvidado algo?

—Cuidado con la carretera, señora. Conduzca con atención, el camino a partir de aquí está lleno de curvas, obstáculos, subidas y bajadas. Pero merece la pena.

Brianne le agradeció el consejo, se montó en el coche y se alejó un poco del taller.

Antes de tomar la carretera, se miró fijamente en el espejo retrovisor intentando ver dentro de ella a través de sus ojos. Mantuvo la mirada un par de largos minutos y, de repente, se echó a llorar. Lloró como hacía años que no había llorado. Lloró por ella, por sus hijos, por sus sueños rotos y también por Óscar. Lloró por ese amor que nunca tuvo y, sobre todo, por esa Brianne que nunca llegó a ser.

Se sentía terriblemente confusa y atemorizada, agotada. Tenía ganas de gritar, de correr, de romper algo. Sentía rabia, una rabia inmensa por haber permitido a Óscar tratarla así, por engañarla una y otra vez. Había sido víctima de una gran mentira, pero no de una de las tantas de Óscar, sino de una que ella misma había creado y se había creído. Brianne se había estado contando a sí misma una historia que no era verdad, se había autoengañado durante largos años tratando de convencerse de que Óscar era como ella quería que fuera, justificando todo para que encajara con ese ideal, para no reconocer que no le gustaba la persona que había elegido como padre para sus hijos.

Óscar era mentiroso, egoísta, cobarde, tirano, prepotente y abusador. No era el hombre honesto, fiel, leal, trabajador, generoso y ejemplar que Brianne creía conocer. Óscar era una estafa, y ella se había dejado timar voluntariamente al convertirse en cómplice de sus mentiras permitiéndolas, creyéndoselas... Su falta de amor propio le había llevado a aceptarlo todo en nombre de ese amor que tanto necesitaba, a no poner límites a las faltas continuas de respeto creyendo que no merecía otra cosa.

Brianne estaba decepcionada, pero no con Óscar, de quien no se podía esperar otra cosa, sino consigo misma. Había dejado que Óscar le dijera sin palabras quién era ella y lo que merecía. Brianne se había exiliado, sin saberlo, al fondo de sí misma, reprimiendo sus deseos y amordazando su dignidad en favor de un amor incondicional por Óscar que supuestamente la cambiaría, la sanaría. Pero no había sido así, y había terminado siendo el resultado de sus malas decisiones, como no podía ser de otra manera. Sin embargo, no era consciente de cuándo las había tomado. ¿De verdad había decidido algo o se había dejado llevar? ¿No sería que, en realidad, una no decisión era al fin y al cabo una decisión más? Si escoges no dejar algo, en realidad lo estás eligiendo, ¿no?

**Comprendió en ese momento que ella era la única responsable de sus decisiones y de sus no decisiones. No podía culpar a nadie más, ni victimizarse. Había consentido algo que no habría debido permitir jamás y solo ella podía dejar de seguir consintiéndolo.**

Tenía que dejar a Óscar, ¡estaba segura! No la merecía, ya no le elegía más, ni a él ni a la vida que tenía con él en la que ella no encajaba. Brianne se tenía que reconstruir sobre las ruinas de ella misma a las que se había reducido, resurgir de sus cenizas para convertirse en la Brianne que quería ser con sus hijos, con sus sueños y con su alegría perdida.

Pero ¿cómo lo haría? ¿Adónde iba a ir ella sola con cuarenta años y sin apenas ingresos? ¿Cómo se mantendrían ella y los niños? Desde luego, no era el mejor momento. Quizá sería preferible esperar un poco, preparar el terreno, pensar bien las cosas. Solo tenía que aguantar un poco más y aguardar la ocasión para separarse: cuando los niños crecieran, cuando encontrara un trabajo que le permitiera ahorrar dinero, cuando perdiera todo ese peso que le sobraba, cuando encontrara a alguien que la apoyara, cuando...

Cogió el calendario que le había dado el mecánico para contar los días que le quedaban para pensarlo bien antes de que Óscar y los niños volvieran. Y entonces, en el anverso pudo leer la frase siguiente: «Si todo se derrumba es que ha llegado la hora: ya estás preparada para construir algo mejor».

No podía creerlo, ¡parecía escrito para ella! Estaba preparada, podía romper la cadena que creía que le ataba a Óscar y salir por fin de su prisión emocional, esa prisión vital en la que se había encerrado durante tanto tiempo y de la que debería haber salido corriendo hace mucho. No podía llegar más bajo, había tocado fondo y a partir de ahora solo podía ir hacia arriba.

Brianne de repente se sintió agradecida. Agradecida sobre todo por esa última infidelidad de Óscar que había sido la gota que había colmado el vaso, la semilla del cambio que necesitaba. Esa infidelidad había despertado en ella el poco amor propio que le quedaba, la había motivado, sin saberlo, a quedarse sola en casa para digerirla, la había empujado a coger el Ferrari para emprender su camino. La decisión estaba tomada. No sabía bien cómo lo iba a hacer, pero lo haría. Saltaría de la olla para volver a sentirse viva.

La cara de Brianne se iluminó, se sintió liberada a pesar de la gran preocupación que la inquietaba en ese momento. Tenía de nuevo las riendas de su vida, estaba al volante del Ferrari, listo para llevarla donde ella quisiera.

Encendió el motor dispuesta a continuar el camino que tenía que haber emprendido hacía muchísimos años. Pero, de repente, una chica saltó dentro de su coche.

## 13

## Una música diferente

Brianne se asustó. Se quedó atónita mirando a la chica rubia de pelo largo que se había acomodado en el asiento de copiloto con una mochila de camping verde y una gran sonrisa que dejaba ver sus dientes separados.

—¿Me lleva?

Brianne salió de su aturdimiento, le había pillado desprevenida y no terminaba de comprender.

—¿¿¿Perdón???

—¡Que si me lleva! Voy a un festival de música en Verdalia, unos cuantos pueblos más allá en su misma dirección, ¿le va bien?

La chica era muy guapa y parecía muy contenta, seguramente estaba entusiasmada por su viaje.

—Pero ¿cómo te atreves a meterte en el coche de un extraño? Si pillara a uno de mis hijos haciendo autostop no sé lo que haría.

—Bueno, no creo que los asesinos en serie conduzcan un Ferrari, y menos aún que lleven moño. Además, ¿dónde iba a meter el cadáver? ¿En ese maletero tan pequeño? Ahí no caben ni las armas del delito.

A Brianne le hizo gracia y le pareció buena chica. Tendría unos veinte años, piel rosada y algunas pecas. Simplemente, iba a un festival de música.

—Dímelo a mí, que no he podido meter mi maleta y he tenido que conformarme con una mochila. Ahora estoy obligada a descuartizar los cadáveres en trozos pequeñitos antes de meterlos ahí, ¡y lo ponen todo perdido!

Brianne rio por no llorar. Sin saber por qué, se imaginó en el papel de asesina descuartizando a Óscar en cachitos y llevándolo en bolsas de basura a algún vertedero. La escena no le resultó del todo desagradable, más bien al contrario, y se asustó un poco. La chica rubia se reía enseñando el hueco entre sus dientes por la ocurrencia de Brianne.

—Supongo que los maleteros de los deportivos son pequeños para que puedan ir más rápido sin tanto peso. Cuando llevas mucha carga ya se sabe, cuesta más llegar a cualquier lado. ¿Adónde va, por cierto?

En ese momento Brianne comprendió que necesitaba más que nunca rodearse de los suyos. Necesitaba su cariño, su apoyo y sus consejos.

—A Originia, a ver a mi hermana y a mis padres, ¡vuelvo a casa!

—Qué bien, ¿y hace mucho que no se ven?

—Una barbaridad. Y se me hacía eterno.

—Pues la familia y los amigos son fundamentales, no deberían descuidarse.

—Cierto, ahora lo sé. He tomado malas decisiones en el pasado creyendo que no podía ir a verlos porque tenía que hacer otras cosas más importantes, como seguir a mi marido a todos lados y adaptarme a su estilo de vida, encargarme de los niños, cumplir mis supuestas obligaciones. ¡Era más infeliz que un sello! Todo el día de un lado a otro siguiendo el rumbo marcado por otro. Pero ya no, ¿sabes? Todo eso va a cambiar; no sé cómo, pero va a cambiar y voy a contárselo a mi familia.

—¡Cuánto me alegro! A todo esto, ¿cómo se llama? Yo soy Amanda.

—Yo, Brianne, y tutéame por favor, que el usted me hace parecer aún más vieja a tu lado. Ya tengo cuarenta años, ¿sabes?

—Tutearla no la hará más joven. Además, lo dice como si eso importara o como si fuera mucho.

—¡Claro que es mucho! Ya te darás cuenta. ¿Tú cuántos tienes? ¿Veinte?

—Veintidós.

—Uy, ¡a los veintidós yo era guapísima y con un gran futuro por delante! Quién los pillara de nuevo.

—Pero si usted es guapa, y tiene un gran futuro, ¡como todos! ¿O piensa morirse mañana?

—No, no me refiero a eso. Es que mi futuro no es nada fácil, ¿sabes? Estoy pensando en separarme. Tendré que hacerlo todo sola y me ha pillado desprevenida. ¡Y no me lo esperaba! Yo creía en el amor para toda la vida.

—¿Para toda la vida? ¡Ahora sí que parece mayor, Brianne! ¡Ja, ja, ja!

—No te entiendo, Amanda. ¿Tú no crees en el amor para toda la vida? Es lo que se cree a tu edad. Yo he tardado cuarenta años en darme cuenta de que eso no existe.

—La edad no tiene nada que ver con el amor. ¡Y ese

amor sí que existe! Mire, Brianne, yo veo el amor como un camino compartido donde las parejas son como los copilotos: los encuentras por el camino y decides dejar que te acompañen durante un tramo de tu vida, mientras el trayecto sea común para ambos. Si ese tramo es común durante toda la vida, ¡perfecto! Pero si no lo es, llega un punto donde cada uno sigue su camino y ¡todos felices! Mírenos a nosotras, por ejemplo: vamos en la misma dirección, pero solo un rato mientras nuestro camino coincida. Ni yo quiero ir a Originia, ni usted quedarse en el festival, ¿no?

—Pues me temo que yo he sido la copiloto en la vida de otra persona durante mucho tiempo, acompañándole en su camino sin preguntar siquiera hacia dónde iba y sin ninguna intención de bajarme en ningún momento.

—Pero no entiendo. ¿Su destino era el mismo? ¿Iban al mismo lugar?

—Ese es el problema, Amanda, que yo no tenía destino, no sabía adónde quería ir, así que cualquier camino me pareció bueno, incluso el de otro.

—¡Pues qué pena! Es precioso cuando dos personas comparten la misma meta y van juntos hacia ella, no por acompañar al otro, sino por ir hacia su propio destino en compañía, ¿entiende? Cuando ambos quieren ir al mismo lugar y deciden hacer el camino juntos, ¡eso es amor para toda la vida! Lo complicado es encontrar a alguien que quiera ir al mismo sitio que tú. Pero eso da igual, lo bonito es caminar junto a alguien, ya sea un tramo, varios o el trayecto entero. ¡Eso es el amor! Compartir proyectos comunes, ayudarse a realizarlos, disfrutarlos juntos...

—Qué bien suena. Entonces, aún hay esperanza de encontrar a alguien con quien compartir mi camino, ¿no?

—Si sabe adónde va, sí. Si no, el miedo a la soledad hará que termine de nuevo haciendo el camino de otra persona, y entonces, antes o después, llegará a un lugar desconocido en el que no querrá estar, y se preguntará cómo ha llegado hasta allí.

—¡Estás describiendo mi vida, Amanda! ¡Ja, ja, ja!

Brianne reía por no llorar.

**Había llegado a un lugar que no deseaba porque se había dejado llevar sin cuestionarse ni una sola vez el camino.**

Ahora quería tomar otro camino que la llevara lejos de allí, ir a otro lugar donde encajara y pudiera ser feliz. Pero ¿dónde? ¿Y cómo llegar hasta allí?

—Lo más bonito de todo es que, una vez sabes adónde vas, da igual el camino. Se puede ir por mil sitios diferentes, y todos ellos nos darán alegrías y sorpresas. Seguramente también alguna lágrima, pero nos recordarán que nos hemos desviado y debemos tomar otra ruta diferente para llegar a nuestro destino.

**Un destino. ¡Eso es lo que necesitaba! Uno que solo fuera de ella, uno que compartiría solo con quien fuera en la misma dirección, uno que ella misma hubiera elegido sin que nadie se lo impusiera.**

Ni Óscar, ni sus padres, ni la sociedad... Un destino que no fuera escogido solo por complacer a otros, por no defraudar, por ser el supuestamente correcto. Pero ¿cuál era el suyo? ¿Qué buscaba?

## 14

## Libertad para no hacer

—Amanda, ¿te importa si te pregunto cuál es tu destino? Me refiero a tu meta en la vida, tu propósito. ¿Qué quieres?

—Ay, Brianne, ¡vaya preguntas me hace! Soy muy joven aún, supongo que solo quiero ser feliz, y por el camino iré descubriendo qué significa eso, qué cosas quiero y cuáles no. De esas últimas ya he descubierto alguna.

—¿Ah, sí? ¿El qué? ¿Qué no quieres?

—Ser farmacéutica.

—¿Farmacéutica? ¡Ja, ja, ja! ¿Y por qué ibas a ser farmacéutica si no quieres?

—Pues eso, ¡que no lo voy a ser! Por mucho que mis padres insistan. Ellos lo son y tienen varias farmacias en mi pueblo, y quieren que yo les suceda y me ocupe de ellas, ¿se imagina? ¡Quedarme en el pueblo para toda la vida! Yo quiero viajar, conocer mundo, vivir la vida sin ataduras... ¡Buena se armó en casa cuando les dije que no iba a ir a la universidad!

—Me lo imagino.

—Y de momento no tengo ninguna intención de casarme y mucho menos de tener hijos. Cuando se enteren de que quizá nunca vayan a ser abuelos les va a dar algo. Me da mucha pena, ¿sabe? Pero ¡es mi vida! No puedo hacer algo que no quiera solo para contentarles. Si me quieren, lo entenderán, y si no, peor para ellos.

Brianne se quedó pensativa y contrariada, no lograba entender bien que una mujer eligiera no tener hijos por voluntad propia, igual que su hermana. Para ella había sido lo más importante hasta ahora, alrededor de lo cual había girado su vida.

**Era lo normal o, al menos, así la habían educado. Pero quizá había cometido el error de no prestar atención al resto de las cosas que la hacían feliz, de poner siempre en último lugar sus necesidades.**

Siempre detrás de las expectativas de Óscar, de sus hijos, de sus padres, de la sociedad... ¿Y ella qué? Se había anulado, nunca exigió nada, nunca reclamó su lugar. Había pensado que haciendo lo que debía, entregándose como madre y cuidadora, se sentiría realizada, completa y valiosa. Pero no había sido así.

Solo había conseguido minar su autoestima y encima ser dependiente emocional y económicamente de Óscar. Se sentía vacía, sin propósito. Se dio cuenta de que había dejado que otros tomaran las decisiones que le correspondían solo a ella, y eso debía terminar.

**Debía autoconducirse, estar al mando, al volante de su vida, y no permitir que nada ni nadie le quitara de nuevo su puesto de piloto.**

Pero había pasado muchos años sin conducir. Recuperar el control de sí misma y de su vida no iba a ser fácil.

—Lo más importante es la libertad, Brianne. Defenderla a capa y espada y protegerla, sobre todo de nosotros mismos. Tenemos libertad para hacer lo que queramos, ¡para cambiar lo que queramos!

La cara de Brianne se iluminó. ¡Claro que sí! Amanda tenía de nuevo toda la razón: ella podía cambiar las cosas, solo debía hacer uso de su libertad. ¿Quién se lo impedía! ¡Solo ella misma! Se dio cuenta de la cantidad de cosas que hacía cada día sin realmente querer, solo por pensar que era lo que los demás esperaban de ella.

—¿Y sabes para qué más, Amanda? ¡Libertad para NO hacer lo que NO queramos! ¿Puede haber algo más libre que eso? Libre de imposiciones, de obligaciones... Libertad para decir NO, le pese a quien le pese. ¡Como tú con tus padres y la carrera de farmacia y los nietos!

Esa era la verdadera libertad para Brianne, sin yugos de pareja, sin imposiciones de la sociedad, sin obligaciones autoimpuestas, sin suposiciones absurdas... «No mudarse si no quería mudarse», «no seguir con Óscar si no quería seguir con Óscar», «no renunciar a sus sueños si no quería renunciar a ellos». ¿Quién la había obligado a hacer todo eso hasta ahora? Solo ella. Ella y solo ella.

Así que podría dejar de obligarse en cualquier momento, ¿no?

Por primera vez empezó a vislumbrar un futuro diferente, uno a su medida, diseñado por ella y solo ella. ¡Libertad! Lo empezaba a ver claro, pero llevarlo a la práctica no iba a ser fácil.

De repente Amanda dio un brinco en el asiento y la sacó de su ensimismamiento.

—¡Mire, ya estamos llegando! ¿Ve esas luces alrededor del lago? ¡Están preparando el escenario para el festival! Es mañana, ¡qué ganas!

El entorno era precioso. Había oscurecido un poco y un montón de gente preparaba sus tiendas de campaña alrededor del lago, esperando el ansiado día del concierto. Amanda estaba eufórica. Se la veía tan alegre, tan llena de vida, con tantas cosas aún por hacer y por disfrutar. Brianne aminoró la marcha hasta llegar al lugar en el que ambas terminarían su trayecto juntas.

—Bueno, ha llegado la hora de separarnos, nuestros caminos se bifurcan aquí. Me alegro mucho de haberte conocido, Amanda.

—Igualmente, Brianne. ¿Dónde va a dormir usted?

—Buscaré algún motel de carretera por aquí cerca, no te preocupes.

—¿Usted sola? ¿Por qué no duerme conmigo? Mi tienda de campaña es doble y ya ha visto que no soy peligrosa.

Las dos rieron. A Brianne le hizo también gracia lo de «¿Usted sola?». ¡Pero si siempre dormía sola! Óscar era como no si estuviera, parecía un mueble más de la habitación. De hecho, se sentía más sola con Óscar que sin él. Ahora se daba cuenta.

—Quédese, mañana podrá continuar su viaje, a no ser que quiera ver el festival por la tarde.

—Uy, ¡qué va! Yo nunca he ido a un festival, ¡y mucho menos he dormido en una tienda de campaña! Vaya ideas locas las tuyas. ¡Te recuerdo que tengo cuarenta años, no veinte!

Amanda no se conformó y continuó insistiendo.

—¡Qué más dará la edad, ya estamos! Vamos a ver, Brianne, ¿cuándo fue la última vez que hizo algo por primera vez?

Brianne sonrió. Parecía el día de las preguntas ingenuas, pero nada tontas, que nunca se había hecho, preguntas cuyas respuestas había dado por sentadas durante muchos años y que, sin embargo, ahora eran diferentes. Esas preguntas supuestamente inocentes habían removido algo en su interior, poniendo en jaque sus cimientos, sus esquemas mentales y su realidad. Primero el agente inmobiliario, luego el empleado de la gasolinera, el conductor, la camarera, el mecánico, ¡y ahora la autoestopista!

—Ay, Amanda. Hace solo un día te habría respondido que hacía muchos años que no hacía nada por primera vez, pero ahora... ¡Estoy haciendo tantas cosas! He comenzado un viaje sola por primera vez, estoy conduciendo un Ferrari por primera vez, he recogido a alguien en la carretera por primera vez.

—¡Y va a dormir en una tienda de campaña por primera vez! Venga, ¡es por ahí!

Amanda, sin dejar que Brianne respondiera, saltó de

nuevo dentro del coche y le indicó el camino para llegar al aparcamiento del evento. Brianne, aún sin creérselo, le hizo caso, ¡y encima con una sonrisa! Pero ¿qué estaba haciendo? ¿De verdad era ella? Brianne sentía de nuevo la adrenalina que sintió al coger el coche y salir del aparcamiento. El subidón de hacer algo nuevo, inesperado, desconocido, no planificado.

Recordó entonces cuánto solía hacerlo antes de conocer a Óscar y formar una familia: se apuntaba a todos los planes que surgían, aceptaba proyectos motivadores que le proponían a última hora, aprovechaba todas las oportunidades que aparecían casi sin pensarlo... De alguna manera, sintió que, poco a poco, la antigua Brianne estaba volviendo: la verdadera Brianne.

## 15

## Creando y eliminando límites

El aparcamiento estaba lleno de coches. Ningún Ferrari, por cierto, solo el de Brianne. El hombre del aparcamiento la miró de reojo al verla bajar, preguntándose, seguramente, si lo habría robado. Una mujer desaliñada en sudadera, vaqueros y una mochila, conduciendo un Ferrari con una joven de veinte a lo *Thelma y Louise*. No podía ser nada bueno.

Amanda cogió a Brianne de la mano y la llevó junto con sus amigos.

—Mire, Brianne, estos son Lucas, Martin, Margareth y Alison, de Mánchester. Es una estudiante de intercambio.

Amanda les presentó a Brianne, contándoles como la había conocido y lo amable que había sido llevándola al festival.

—Encantada, chicos, siento estropearos los planes.

—Pero ¿qué dice? Estamos encantados de tenerla con nosotros. Estábamos a punto de cenar, se apunta, ¿no?

—Claro, pero yo no he traído nada. Ni lo había pensado.

—No se preocupe, ¡tenemos de sobra para todos!

Brianne se dio cuenta de lo hambrienta que estaba. Habían pasado varias horas desde el pincho de tortilla del bar. Amanda le pidió que le ayudara a montar su tienda, en la que dormirían las dos juntas, y ella aceptó comentándole que haría lo que pudiera, ¡iba a ser la primera vez que lo hacía! Al final no resultó tan difícil y en menos de media hora la tenían lista.

—¡A cenar! Acercaos, ya tenemos todo preparado.

—*That's good! Sandwiches and baked beans!* ¡*Nothing better for* una noche de acampada!

A Brianne la cena le parecía superapetitosa. No era nada rebuscado como las cenas de Óscar, sino unos simples sándwiches variados y unas judías con tomate de lata que habían calentado en el fuego. Recordó que no había hablado con Óscar desde que se fueron. ¡Ni ganas que tenía! Seguramente él tampoco la echaría de menos.

Se sentó junto a los demás alrededor de la hoguera. Había refrescado y el calor del fuego se agradecía. De fondo sonaba música indie en las tiendas de otros grupos. Estaba en la gloria y se dio cuenta de que lo más importante para una cena perfecta era la compañía, no la calidad de la comida o su presentación, como Óscar le había hecho creer. ¡Cómo estaba cambiando todo a ojos de Brianne!

Charlaron animadamente durante un buen rato. Los chicos hablaron de música de la cual ella no entendía nada, pero también de sus sueños, sus ilusiones, lo que iban a estudiar o si no iban a hacerlo, sus próximos viajes, sus aventuras... Esperaban el futuro con muchísima ilusión, igual que ella a su edad.

—Brianne, ¿qué nos aconseja?

**Se sintió confusa al comprobar que le pedían consejo precisamente a ella, que había permitido que sus suposiciones y expectativas dejaran su vida en manos de la probabilidad.**

Precisamente a ella, que había consentido que el miedo al rechazo se convirtiera en su verdugo y dictara todas las decisiones de su vida.

Suspiró y les dijo lo que sentía en ese momento, lo que habría dicho a sus hijos si hubieran sido ellos los que hubieran preguntado.

—No sé si soy la más adecuada para dar consejos, pero lo que os recomendaría es que no dejéis que los demás definan vuestras expectativas ni que el miedo defina vuestros límites.

—¿Qué quiere decir?

—Pues que elijáis vuestro propio camino, que no vayáis donde otros os dicen que debéis ir si no queréis ir allí, y que vayáis donde queráis incluso cuando otros os digan que no podéis llegar porque ellos mismos no pueden.

**»No hay nada que debáis o no debáis hacer, ¡no dejéis que el miedo sea vuestro guionista! Podéis ser todo lo que queráis. Lo único que os limita es lo que creéis que no sois.**

Estaban justo en medio de la discusión cuando el teléfono de Brianne sonó. Era Óscar. ¿O serían los niños? Brianne lo silenció. No le apetecía nada hablar con Óscar, y mucho menos darle explicaciones de dónde estaba y por qué. Y si eran los niños..., mañana los llamaría.

—¿No lo coge?

Era Amanda la que había preguntado. Ella había hablado hacía poco con sus padres para decirles que había llegado bien, que no se preocuparan.

—No. Ahora no me apetece, la verdad.

—Ya veo... libertad para no hacer lo que no quiere, ¿verdad? Era su marido, ¿no?

—Sí, llamará por cumplir, como siempre. Intentando aparentar que le preocupa si estoy bien.

Amanda sonrió con un gesto compasivo. Pero Óscar volvió a llamar. ¿Y si les había pasado algo a los niños? No era normal que la llamara de nuevo si ella no contestaba y ahora ya sabía por qué: siempre estaba con otra y solo llamaba para que constara su llamada y que Brianne no se quejara de no haberla telefoneado.

Pero ahora insistía, así que, ante la duda, decidió coger el teléfono, un poco preocupada. Se disculpó con el grupo, se levantó y se alejó para tener algo de privacidad.

—¿Sí?

—¡Brianne! No quiero preocuparte, pero...

—¿Qué pasa? ¿Les ha ocurrido algo a los niños?

—No, no, no es eso, tranquila. ¡Es que nos han robado el coche!

—¿El coche? ¿Qué coche?

—¡El Ferrari, Brianne! Me acaban de llamar del seguro para informarme de un accidente con el Ferrari lejos de casa. Y lo peor de todo es que creo que también te han robado la cartera. ¿Puedes comprobar si la tienes en el bolso?

Se han hecho pasar por ti poniendo tu nombre y tu DNI en el parte de accidentes. No habrás salido y dejado la puerta abierta, ¿verdad? ¡Con lo despistada que eres! ¡Como le haya pasado algo al coche! No quiero ni pensarlo.

¡El accidente! Brianne lo había olvidado por completo. Y Óscar ni se imaginaba que fuera ella la que lo había cogido, claro. ¿Cómo iba a pensarlo?

—Bueno, tranquilo. ¿Y vosotros estáis bien? ¿Los niños?

—¿Los niños? ¿Qué más da eso ahora? Están bien, ¡lo importante es mi coche! Ya he puesto una denuncia por robo y estoy mirando vuelos para volver cuanto antes. ¡Mi Ferrari, Brianne! ¿Cómo lo han podido robar si tú estabas en casa? ¿Acaso no te enteras de nada?

La respiración de Brianne se aceleró. Nunca habría pensado que sería capaz de decir aquello, pero lo hizo.

—El que no se entera de nada eres tú, Óscar. Tu coche está bien y yo también, por si eso te interesa. Si regresáis antes de tiempo haz la compra, que la nevera está vacía. Yo aún tardaré unos días en volver.

—¿En volver? Pero ¿de dónde? Pero ¿qué dices? ¡Bri! ¿Qué pasa?

—Pasa lo que tenía que pasar, solo eso. Y ya era hora. Hablamos a la vuelta. Y quita la denuncia, que nadie te ha robado «tu coche».

—Brianne, no entiendo nada. ¿Estás bien? ¿Qué ha pasado? ¿Qué quieres decir? ¿Y qué es esa música de fondo? ¿Dónde estás?

Brianne colgó temblando. ¡Se había atrevido! Aún no se lo creía... Le había colgado a Óscar sin más, sin darle explicaciones, sin excusarse, sin pedirle perdón por nada.

El alivio que notaba le hacía sentir ligera, liberada, como si se hubiera quitado de encima una gran carga que llevaba años soportando. Aun así, estaba agotada. Volvió con el grupo, que seguía charlando y riendo animadamente alrededor del fuego y se excusó, diciéndoles que prefería irse ya a la tienda para acostarse. Los tranquilizó diciendo que se encontraba bien cuando le preguntaron. Para su sorpresa, muy bien, en realidad.

Una vez en la tienda, abrió la mochila para buscar el 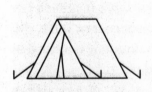 pijama y lo que se iba a poner el día siguiente. La ventaja de no tener ropa que se arrugara era esa, ¡que no se arrugaba! Así que sacó el pijama, se cambió, y extendió los vaqueros y la camiseta del día siguiente, y metió las prendas usadas en la mochila.

Se tumbó sobre el saco de dormir que le habían prestado y se quedó mirando el techo de la tienda. Nunca había acampado. Ni siquiera con los niños. Siempre iba a apartamentos familiares o a hoteles donde compartían habitación. Bueno, eso desde que estaba con Óscar, desde que tuvo niños, desde que dejó de trabajar, desde que desistió de visitar a amigos... Antes de todo eso ella viajaba por todo el mundo, ya fuera por trabajo o para visitar amigos, aprender idiomas, conocer nuevas ciudades... Florencia, Londres, París, Helsinki, Berlín, Estambul, Praga... No había ciudad europea que no hubiera visitado, además de unas cuantas del resto del mundo.

Se lo enseñaría a los niños. El mundo. ¡Había tantas cosas que no había hecho con ellos! Incluso pensó en llevarlos algún día de acampada. Sí, ella, ¿por qué no? Les encantaría. Harían una hoguera, leerían cuentos ¡y asarían salchichas! Quizá hasta llevaría una tortilla hecha por ella misma. Su tortilla no estaba mal. Nunca lo había estado, y solo en ese momento lo supo. Tantos años creyendo que no era válida, que no era suficiente, que no merecía el amor de Óscar. Pero ¿cómo podía habérselo creído? Sin duda, tenía muchas cosas que corregir. Ella tenía cierta responsabilidad sobre todo lo ocurrido, y estaba dispuesta a cambiar para que jamás volviera a suceder.

Su mente regresó a la tienda, se metió en el saco y se durmió. Ni siquiera oyó entrar a Amanda unos minutos más tarde, ni siquiera sintió el beso en la mejilla que ella le dio. Simplemente se durmió, cerrando un capítulo de su vida.

## 16

## Cambio de ruta

A la mañana siguiente, Brianne se despertó muy temprano. No quería despertar a nadie, así que recogió sus cosas y se fue. Antes de salir de la tienda, dejó una nota para Amanda agradeciéndole todo y deseándole que nunca perdiera su libertad de no hacer lo que no quisiera.

Sacó el coche del aparcamiento y continuó su camino. Paró en una gasolinera a repostar y tomar un café y un cruasán, que se comió sin remordimientos. En el surtidor, lo tuvo claro, esta vez no titubeó ni por un momento.

—¡Lleno, por favor! ¡Y con la mejor gasolina que tenga! Y veo que tienen servicio de limpieza, ¿cuánto tardan?

El coche, a pesar de que estaba algo más limpio que antes gracias al viento del camino, aún seguía teniendo una capa de polvo que no merecía. No se podía presentar así en Originia, un buen lavado le vendría bien.

—En media hora una limpieza rápida de la carrocería. Si quiere algo más completo tendrá que llevarlo a otro sitio.

—Me vale, no se preocupe. Tenga las llaves.

—Encantado, señora, será un placer limpiar su coche.

«Su coche». Eso había dicho. Y así lo sentía Brianne: no llevaba el coche de otro, no era robado, era «su coche», ella lo había pagado y ella lo conducía. Por primera vez pensó en quién se quedaría el Ferrari tras la separación. ¿Óscar porque ella se lo regaló? ¿Brianne porque ella lo pagó con su dinero? ¿O lo compartirían porque en realidad era de los dos? Bueno, ya resolvería eso. Lo que tenía claro es que lucharía por el Ferrari. No por el coche, sino por lo que estaba significando para ella. Y quién sabe, ¡quizá vendiéndolo pudiera salir adelante ella sola!

Mientras limpiaban el coche aprovechó para llamar a Maya. Tenía que avisarla cuanto antes porque llegaría esa misma tarde, justo después de comer. Ya no quedaba mucho y se moría de ganas. ¡Menuda sorpresa le iba a dar! Maya cogió el teléfono al tercer tono. Brianne no podía de la impaciencia.

—Maya, ¡adivina!

—¿Que adivine el qué? ¿Te ha tocado la lotería?

—¡Sí! Bueno, más o menos. ¡Tengo tanto que contarte! Pero ve preparándote ¡porque llego esta tarde!

—¿¿¿Quééééé??? Ay, Bri, ¡que me va a dar un infarto! ¿Hoy? ¿En unas horas?

—Sí, estoy a más de mitad de camino. Calculo que en pocas horas estaré allí.

—¡Qué buena noticia, Brianne! Pero hay un problema...

—¿Un problema? ¿Qué pasa?

—Pues que no estoy en casa. No sabía que venías, y ayer vine a una conferencia a la capital. Estaré de vuelta mañana por la mañana.

—Vaya, eso sí que no me lo esperaba.

—Bueno, puedes quedarte con papá y mamá, ¿no? ¡Aún conservan nuestra habitación! Se van a morir de la alegría, ¡hace mucho que no te ven!

—No es mala idea, pero a ver cómo les explico que mi marido y mis hijos están en Saint-Tropez mientras yo estoy de viaje con el Ferrari de Óscar. Ya sabes lo tradicionales que son.

—Qué va, Bri, ¡no te creas! Yo creo que pueden entender todo lo que les cuentes, ¡eres su hija!

—Puede ser, no sé. No es lo que esperan de mí y me da algo de miedo contarles ciertas cosas. Pero, bueno, tú tranquila, me quedo en su casa y nos vemos mañana. ¡Pero no les digas nada! Quiero darles una sorpresa.

—¡Claro, no te preocupes! Oye, Brianne, ¿qué te parece si mañana cenamos con los antiguos compañeros de clase? Te encantará verlos.

—Uf, Maya, no sé... ¿Y que me vean así? ¿Con todos estos kilos?

—No seas tonta, Brianne, ¿acaso crees que ellos siguen como hace veinticinco años? ¿Te acuerdas de Mario?

—Sí, sí, el que te gustaba tanto.

—Pues está calvo como una bola de billar y con una panza como la de Sancho. Y Ángela, la que tanto presumía de tipo, tiene las tetas por el ombligo y unas patas de gallo impresionantes.

—¡Ja, ja, ja! No me lo puedo creer, ¡qué mala eres!

—Es broma, Brianne, el tiempo no ha pasado en balde para nadie. Algunos están divorciados, otros aún solteros, unos pocos feliz o infelizmente casados, ¡ya te enterarás!

—Vale, será genial, ¡me encantará volver a verlos a todos!

—Bueno, no creo que todos puedan venir, muchos viven lejos. ¡Originia se os queda pequeña a la mayoría! Bueno, *amore*, conduce con cuidado, ¡nos vemos pronto!

—Descuida, eso haré. *Ciao, bella!*

Brianne colgó y prosiguió su camino. Quedaban varias horas hasta llegar a su ciudad y aún no reconocía el camino. De pequeña no salían mucho de allí por falta de dinero. Pero nunca le importó, siempre encontraba suficientes cosas que hacer para no aburrirse, aunque tenía claro que un día volaría lejos. Y ahora, estaba volviendo al nido.

Al dejar atrás la autovía, el camino comenzó a estrecharse. Según el GPS, tenía que coger un desvío por una carretera comarcal que pronto se convirtió en un camino de tierra. El Ferrari, recién limpiado, se estaba ensuciando de barro y polvo, y algunas ramitas y hojas secas se estaban adhiriendo a la carrocería y las ruedas. Si Óscar lo viera le daría un patatús. ¿Y qué pensaría la gente al verla entrar en la ciudad? Bueno, casi mejor, no quería llamar la atención con aquel Ferrari en una ciudad tan pequeña y de gente humilde, aunque dudó que lo fuera a lograr.

**Un Ferrari era un Ferrari, y eso se notaba.
Brillaba con luz propia por mucho
barro que tuviera encima.**

En esas estaba cuando se dio cuenta de que se había perdido la señal de GPS. Su móvil no tenía cobertura en esa zona y empezó a entrar en pánico. Notó que el corazón comenzaba a latir más rápido y más fuerte y su respiración

se agitaba. Decidió parar. Estaba rodeada de árboles y matorrales, en medio de un paraje extraño que, sin duda, no
conducía a ningún lugar. ¿Y ahora qué? Era obvio qué iba
a pasar. Brianne era despistada y tenía una gran falta de
orientación. Pensó en Óscar y la cantidad de veces que le
reprochaba que no supiera ir sola a ningún lado.

Intentó calmarse y salió del coche. En un momento estuvo rodeada de hormigas. Sin darse cuenta, se había interpuesto en el camino de una larga fila de estos diminutos
insectos que seguramente iban hacia su hormiguero, cargadas de comida. Las hormigas venían de lejos, en línea
recta, pero al toparse con Brianne, la bordeaban para volver a su ruta y proseguir su camino. Un poco más adelante
se encontraban piedras, les caían hojas encima o se les
cruzaba algún otro insecto o animal. Pero nada de eso las
detenía. No se quedaban inmóviles delante del obstáculo
buscando culpables, lamentándose, planteándose volver atrás u olvidando que el
objetivo era llegar al hormiguero. Sim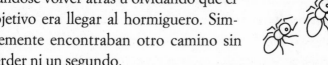
plemente encontraban otro camino sin
perder ni un segundo.

Siempre había otro camino: rodeando el obstáculo,
pasando por encima, atravesándolo... Las hormigas no podían impedir que algo interfiriera en su ruta, pero sí podían
cambiarla para llegar al mismo sitio. Por alguna razón
Brianne pensó en los bebés cuando empiezan a caminar, o
en ella misma cuando aprendía a montar en bicicleta de
pequeña: ¿cuántas veces se había caído? ¡Era parte del
proceso! Siempre se levantó y lo intentó de nuevo hasta
conseguirlo. En ningún momento se sintió inútil o fracasa

da por haberse caído, ni pensó que nunca lo conseguiría. Se llevó unos cuantos golpes, sí, pero las ganas de montar en bicicleta eran mayores que el miedo a caerse. Igual que esos bebés que se caen una y otra vez a cada paso y aun así se levantan, y lo intentan de nuevo hasta conseguir caminar. Todo el mundo cae alguna vez, es inevitable.

**Todo el mundo encuentra obstáculos y dificultades imprevistas en la vida, pero eso no significa que deban abandonar el camino hacia sus metas. Simplemente, se trata de intentarlo de nuevo, quizá por vías alternativas.**

Brianne iba a llegar a su ciudad. No iba a dar la vuelta y abandonar. Perderse era parte del camino, de «su camino». Y ella era capaz de encontrar la manera de volver a la ruta aunque tuviera que dar un rodeo. ¡Y quién sabe qué aventuras nuevas le traería ese rodeo imprevisto! Así que cogió su mochila y decidió caminar por el bosque hasta encontrar a alguien que la ayudara a volver al camino. Seguramente habría gente acampada o de pícnic que le supiera indicar la ruta para volver a la carretera. ¡Igual hasta le regalaban un sándwich!

Además, estaba en un bosque, ¿no? Era cierto que no lo había planeado, pero ahora se encontraba ahí. Y era la oportunidad perfecta para dar un paseo y estirar las piernas después de un viaje tan largo, respirar aire puro y disfrutar un rato de la naturaleza. De hecho, era un sitio precioso. ¡Incluso podría recoger flores para su madre!

Emprendió la marcha por un caminito de tierra y dejó atrás el Ferrari, aparcado a la sombra de unos árboles. Caminó un largo rato sin encontrar a nadie y tuvo miedo de perderse de nuevo. Pero ella había seguido el sendero sin desviarse, solo tendría que volver hacia atrás para llegar de nuevo al coche. Al rato, se topó con una vieja cabaña. Se acercó a ella y enseguida vio a un hombre mayor sentado encima de un tronco en la parte trasera. Seguro que conocía bien la zona, así que se aproximó para preguntarle cómo retomar el camino hacia su ciudad.

## 17

## Árboles conectados

El hombre se sorprendió al verla y la saludó con amabilidad. Parecía tranquilo, seguramente era un aldeano de la zona o algún ermitaño.

—¡Buenos días! ¿Qué le trae por aquí?

—La vida, supongo...

Brianne rio. Obviamente no había sido su intención llegar allí, pero lo había hecho.

—Me he perdido, voy hacia el norte, ¿usted sabe cómo puedo retomar la carretera? Tengo el coche aparcado a unos cuantos minutos de aquí.

—Claro, la acompañaré sin problema. Pero antes siéntese conmigo un rato.

—¿Sentarme? Es que tengo que proseguir mi camino, si no le importa me gustaría...

—Ande, siéntese. El camino puede esperar, lo que hay al otro lado no se va a ir a ningún sitio.

—En realidad no, tiene razón. Bueno, puedo quedarme unos minutos. Y dígame, ¿hace mucho que vive en esta cabaña?

—No, no, yo no vivo aquí, vengo de vez en cuando a

cuidar mi huerto y me quedo un par de días. Alejado del bullicio de la ciudad.

—Claro, es bueno desconectar de vez en cuando.

—¿Desconectar? ¡Todo lo contrario! Precisamente vengo a conectar conmigo, con mi esencia, con quien soy en realidad. Es fácil alejarnos de nosotros mismos en medio del ajetreo de la vida diaria, las obligaciones... Yo tengo muchas, ¿sabe? Hay mucha gente que depende de mí.

—Vaya, pues ya me contará su secreto para poder dejarlo todo durante unos días, no debe de ser fácil encontrar un hueco en la agenda.

—Es cuestión de prioridades, señora...

—Brianne, me llamo Brianne.

—Yo, Néstor, encantado. Como le decía, es fundamental reservar espacio para uno mismo, de hecho, eso tendría que ser lo primero que deberíamos apuntar en nuestra agenda.

**»La cita con nosotros mismos es la más importante, es el momento que tenemos para estar a solas y reafirmarnos en quienes somos, lo que queremos, ratificar que estamos en el camino correcto hacia nuestra meta, nuestra misión en la vida. ¡Es tan fácil perderse por el camino!**

—Dígamelo a mí, que he acabado en este bosque, ¡ja, ja, ja!

—¡Eso es! ¡Ja, ja, ja! Debemos estar más tiempo con nosotros mismos sin distracciones, volver a cuidarnos en todos los sentidos. Aquí recojo agua del río, corto leña, me preparo la comida y lavo la ropa. Nadie lo hace por mí. Solo yo. Y eso me recuerda que nadie es responsable de mí, de mi vida ni mi felicidad, solo yo. ¿Usted no se dedica tiempo, Brianne?

—¿Yo?

Néstor, al ver la cara de sorpresa de Brianne, supo que no lo hacía.

—Pues debería. Descansar, apaciguar la mente, tomar contacto con usted y su yo. Solo así sabrá quién es en realidad, lo que necesita y lo que quiere. ¿Se ha tomado al menos el tiempo de conocer eso? ¿Quién es y qué quiere?

Brianne bajó la mirada.

—La verdad es que estoy precisamente buscando eso.

—¿Y por qué no se queda esta noche y descansa?

—¿Quedarme? ¿Aquí? ¿Con usted?

—No, con usted. Yo me quedaré aquí, pero no estará conmigo, sino con usted misma. Podemos estar en silencio si eso le ayuda. Reconectar con lo que somos es como volver a casa, ¿sabe?

Le pareció una oferta tentadora. En efecto, necesitaba encontrarse, pero había pensado que lo haría junto a su familia y sus amigos de la infancia, no precisamente estando a solas. A Brianne le daba miedo la soledad.

—¿Y no se siente solo aquí tan apartado?

—¿Solo? Qué va, cuando se está en paz con uno mismo, ¡no puede haber mejor compañía! Me paso el día rodeado de gente, ya sea mi familia, mis empleados, mis clientes. Casi no tengo tiempo de disfrutar de mí mismo, de mis pensamientos... No podemos buscar fuera lo que solo puede encontrarse dentro, querida.

Brianne aceptó. Se quedaría hasta el día siguiente. Tenía tiempo y Maya aún no estaba en la ciudad, así que ¿por qué tanta prisa? Total, aún no había dicho nada a sus padres.

—Entonces ¿qué haremos? ¿Quedarnos aquí sin hacer nada?

**—Usted puede hacer lo que quiera.
Todo lo que necesita ya lo tiene.
Se trata de reconocerlo, usarlo y disfrutarlo.**

»Pero entiendo que, si no está acostumbrada, le resulte difícil. Demos mejor un paseo por el bosque, ¿le apetece? Le aseguro que es precioso.

Brianne asintió rápidamente. Le encantaban los bosques, y más en concreto los árboles. De hecho, cuando muriera, quería ser incinerada y que sus cenizas yacieran al pie de uno de los árboles de los bosques que rodean su ciudad natal. Incluso lo había hablado con Óscar y sus hijos, que siempre la miraban extrañados por pensar esas cosas raras. De alguna manera, Brianne sentía una conexión con los árboles, y hacía mucho tiempo que no paseaba por un bosque.

Dejó la mochila en la cabaña y, después de comer un trozo de queso que le ofreció Néstor y beber un poco de agua, se pusieron en camino. Ese hombre inspiraba paz y alegría a la vez. Parecía tan equilibrado, tan seguro de sí mismo y en sintonía y armonía con la vida, que inspiraba a Brianne. Ella quería ser así.

Mientras caminaban en silencio, Brianne observaba las hojas secas del suelo, las que caían, las que aún seguían en los árboles. Admiraba los pájaros y algunas graciosas ardillas que se cruzaban en su camino. Pronto llegaron al riachuelo que había mencionado Néstor, de donde él cogía el agua para beber, cocinar y asearse cada día.

—Ya volveremos aquí mañana a por agua. Ahora, preocúpese solo de contemplar la naturaleza. Es el mayor regalo que puede hacerse. ¡Y es gratis!

Brianne se rio. Estaba tan a gusto... Después de una larga caminata durante la cual se sintió más viva que en los últimos doce años, se detuvieron a descansar en un paraje del bosque. Néstor le indicó que se tumbara para contemplar el cielo y las ramas de los árboles, que eran altísimos. Echada boca arriba, le parecían gigantes. Néstor se tumbó a su lado.

—¿Se ha fijado en cómo crecen los árboles?

—Hacia arriba, ¿no? Como todas las plantas.

Los dos rieron.

—Claro, hacia arriba, pero lo hacen ellos solos sin que les haga falta nadie más. La hiedra o las enredaderas, por ejemplo, necesitan algo donde apoyarse para ir hacia arriba. Se enganchan en muros, árboles, ramas... Se aferran a cualquier cosa para subir, no son capaces de hacerlo solas. Los árboles son más independientes.

—Sí, eso es cierto.

—Para mí son un ejemplo de autosuficiencia. Solo necesitan encontrar agua en la tierra y luz en las ramas, nada más para poder crecer. Y eso es todo lo que hacen. Simplemente asegurarse el agua y la luz para crecer tanto como les permita el potencial de su especie. Si no crecen significa que están muertos. Como las personas.

—¿Como las personas?

—Sí, mucha gente se preocupa solo por sobrevivir, van por la vida con el piloto automático puesto, como robots, sin una motivación, sin una intención, una razón o propósito que dé sentido a su vida. Y entonces no crecen. Y el que decide dejar de crecer en realidad muere. ¿Acaso ha visto algún árbol que crezca solo la mitad de lo que podría? Eso no existe. Son fabulosos e inteligentes. ¡Mejores que nosotros!

—Lo son. Cuando era pequeña teníamos un sauce en nuestra pequeña casa de vacaciones. ¿Sabe que yo le hablaba? ¡Y le abrazaba! Qué tonta, ¿verdad?

—De tonta nada, Brianne. Y además el sauce la escuchaba a usted. En cierta manera estamos todos conectados, no solo los de nuestra especie, sino todos los seres vivos en general. Como redes neuronales invisibles. Existe una interconexión entre todos, somos parte de un organismo superior del cual solo constituimos piezas, elementos, partes, engranajes, articulaciones... Todos somos igual de valiosos, pero tenemos distintas funciones. Se trata de averiguar cuál es nuestra función, nuestra misión, para qué estamos hechos.

## 18

## Alas para volar

—¡Uf! A mí eso me parece muy difícil. Saber cuál es mi propósito en la vida, lo que he venido a hacer aquí...

—Eso es porque piensa más con la cabeza que con el corazón. Cuando «sienta» que no es nadie sin el otro, que es imprescindible para que todo funcione como un ente superior, descubrirá su razón para vivir. Y solo será completamente feliz cuando se entregue a esa misión, cuando tenga el valor de afrontarla. Y le daré una pista, Brianne: el objetivo de esa misión no es usted, sino los demás. No somos nadie sin el otro. ¡Y eso es perfecto!

—¿Cómo que no somos nadie? No lo entiendo, la verdad.

—Si cree ser «algo» o «alguien», no podrá ser «ese todo universal». Cuando comprendes que puedes ser todo, dejas de necesitar ser alguien o de buscar tu propia satisfacción; solo se sentirá realizada cuando contribuya y dé valor a los demás.

—Uf, ¡eso da vértigo!

—Se lo da porque se cree finita y limitada.

**»Cuando consiga romper esos límites y ver
que usted es infinita, dejará de sufrir
o tener miedo. Lo que le limita es
lo que cree que no es.**

»Yo por eso vengo aquí, a sentirme parte del todo, a entender que yo soy ese todo, que no existo sin el resto.

—Creo que ya lo entiendo. Es como reconocer que somos parte fundamental de algo superior, como piezas de un puzle, supongo, y al serlo somos el puzle en sí, que en realidad no es más que la suma de las piezas: nosotros y los demás.

Tras la conversación, emprendieron el camino de vuelta. Pasaron al lado de un estanque que olía bastante mal, y Brianne lo comentó.

—Buf, ¡vaya peste! Huele a podrido.

—Claro, el agua está estancada. Y agua que no se mueve, agua que muere. Igual que nosotros e igual que nuestros amigos los árboles, ¿recuerda?

Brianne recordó también a la camarera cuando le hablaba de la comida putrefacta. En realidad, le hablaba de su relación con Óscar, obviamente. No avanzaba, no se movía, no crecía. Estaba muerta. Por eso olía tan mal y dolía tanto, como una enfermedad terminal.

—Néstor, ¿puedo pedirle consejo? Usted parece tan sabio...

—Claro, dígame.

—Estoy hecha un lío. La vida que tengo ahora no me gusta, siento que no la he elegido conscientemente y no me hace feliz, ¿sabe?

—Pues cámbiela, ¿cuál es el problema?

—Uf, ¡el problema! Los problemas, más bien. ¡Y son bien grandes!

—Brianne, el tamaño de sus problemas no es lo importante, ¡lo importante es su propio tamaño! Si ve los problemas grandes, es que usted es pequeña, ¿entiende? Invierta en usted y en su crecimiento, y siempre verá los problemas pequeños. La mejor inversión siempre es en uno mismo, ¡y además queda para siempre!

—Sí, entiendo, pero es que quiero empezar un nuevo camino, uno elegido únicamente por mí, aunque tenga que transitarlo sola. Pero veo tantos que tengo miedo de no elegir el adecuado y terminar de nuevo en un lugar que no quiero.

—El miedo, Brianne, es solo el aviso de una amenaza, un mecanismo de protección ante algo para lo que no nos sentimos capacitados.

—¡Eso es! No me siento capacitada, ¿sabe? No sé si seré capaz de arreglármelas sola, de superar todos los obstáculos.

—Los obstáculos son esas cosas que uno ve cuando aparta la vista de la meta. Cuando la tenga clara, ¡verá que no habrá obstáculo que le impida llegar a ella!

¡Eso era cierto! Brianne recordó las hormigas del camino, ¡no había obstáculo que las apartara de la meta!

—Ya, pero, aun así, no tengo recursos para ir a ningún lado. No dispongo de dinero y ganarlo de nuevo lo veo complicado, con cuarenta años, tres hijos a cargo y desfasada en el mercado laboral.

—¿Que no tiene recursos?

Néstor se detuvo y Brianne con él.

—¿Ve ese pájaro sobre esa rama tan alta y tan fina?

—Sí. Lo veo. Parece feliz y tranquilo.

—Así es. Lo está a pesar de que la rama podría partirse en cualquier momento. ¿Por qué cree usted que no tiene miedo?

—Hombre, porque sabe volar, ¿no?

—Exactamente: su confianza no está en la rama, sino en sus alas. Puede posarse en cualquier sitio por fino o alto que sea. Confía en su capacidad para volar y eso es suficiente para atreverse con todo y disfrutar de las vistas y del mejor alimento de las copas de los árboles.

—¿Me está comparando con un pájaro? Yo no tengo alas.

—¡Claro que las tiene!

**»Todos tenemos alas, pero a veces se nos olvida o nos da miedo verlas. Y el que teme caer, nunca subirá muy alto.**

»¿No cree? ¿Usted no quiere llegar alto?

Brianne asintió. ¡Claro que quería! Pero por ahora se conformaba con salir de las cuatro paredes donde había estado encerrada los últimos doce años. Se sintió como empaquetada en una de esas cajas de la mudanza, yendo de un lado a otro con una etiqueta en el exterior en la que otro había escrito su destino.

Brianne quería gritar. Y así lo hizo. Tanto que aunque Néstor se rio al principio, después se quedó mirándola atónito e incluso maravillado e impresionado.

—¡Vaya pulmones! Así me gusta. Suelte todo eso que la oprime, estamos en el bosque, así que aquí no molesta a nadie. ¡Grite hasta que aparezcan sus alas de nuevo!

Y Brianne gritó y gritó hasta que recordó dónde las tenía. Aquellas alas que hacía muchos años le habían dado la libertad de atreverse con todo, de probarlo todo y de disfrutar de todo sin miedo al fracaso, sin miedo a no poder levantarse si caía. Tenía unas alas preciosas escondidas en su corazón y estaba dispuesta a recuperarlas, costara lo que costara. Antes o después, saldrían de nuevo.

—Bueno, después de este derroche de energía tendrá hambre, ¿no?

—Me muero de hambre, ¡sí!

—Bien, prepararé algo de comer cuando lleguemos, ¡ya queda poco!

—No, no, lo haré yo... Quiero hacerlo. ¿Tiene huevos y salchichas?

Néstor le dijo que sí. De vez en cuando se acercaba al pueblo vecino a conseguir aquello que no le daba su huerto, que básicamente eran lechugas, zanahorias y tomates. Sin embargo, Néstor insistió. Harían una tortilla cada uno, era lo justo. Él haría la de Brianne, y ella la de Néstor. Podría ser divertido. Así que en cuanto llegaron, Brianne se puso manos a la obra. No podía ser tan complicado. Y Néstor no podía irse a ninguna parte si no le gustaba su tortilla, porque esa era su cabaña. Tampoco la iba a echar, suponía, y si la echaba, ¡peor para él! Se iría con la cabeza bien alta por haberlo intentado. ¡Y se llevaría la tortilla!

Brianne iba a preparar la mejor tortilla con salchichas de su vida. No la mejor del mundo, sino la mejor que ella era capaz de hacer. Batió los huevos con todo el cariño y la atención del mundo. Agregó la sal, calentó el aceite en una sartén que le pasó Néstor y empezó a cocinarla. Cuando estuvo hecha por un lado, intentó girarla, con tan mala suerte que se había quedado pegada y se rompió. La cara de Brianne era un poema. No lo podía creer. Miró la tortilla de Néstor y era perfecta. Casi se echa a llorar. Pero Néstor rio.

—¡Ja, ja, ja! No le he dicho que me he quedado la sartén buena, la antiadherente. La que le he dado es una porquería, ¡aquí no tengo más! La tortilla perfecta es para usted.

Brianne sintió algo desconocido para ella. Néstor no solo no la había regañado por romper la tortilla, sino que había preferido quedarse con la sartén antiadherente porque la tortilla era para ella. Sabía que la de Brianne no saldría bien, no por ella, y prefirió que fuera para él. Ese gesto la desconcertó y le tocó el corazón. Era un completo desconocido, pero había pensado en ella antes que en él. Había creído que ella merecía la mejor tortilla, aunque eso supusiera comerse la rota. Brianne le abrazó.

Era un desconocido, sí, pero en ese momento, para ella representaba toda la bondad, generosidad y amor que le había faltado en los últimos años. Secándose las lágrimas, prepararon las salchichas (en la sartén de Néstor) y cenaron felices y en silencio. A Brianne no se le borraba la sonrisa de la cara y pensó que hacía mucho tiempo que no era tan feliz. En medio de la nada, sin planes, con lo mínimo para vivir, con alguien a quien acababa de conocer. Brianne era feliz con ella misma.

Al terminar de comer, Néstor se ofreció a lavar los platos, pero lo hizo ella y él fue a prepararle su cama. Tenía un pequeño colchón supletorio que no era gran cosa, pero valdría. Brianne le agradeció el día y se fue a dormir, feliz, en paz, y sintiéndose parte del todo, del gran plan del universo. ¿Acaso no había sido él quien había hecho que se perdiera la señal de GPS? ¿Acaso no había hecho él a Brianne así de despistada como para perderse sin él? Todo pasaba por algo, todo era por algo y todo llevaba a algo.

Si no fuera por todo eso no habría conocido a Néstor ni sus sabias palabras; no se habría sentido así de bien. Si Óscar no la hubiera engañado de nuevo estaría en Saint-Tropez con él, aguantando lo de siempre, sin ninguna intención de empezar una nueva vida; y si no hubiera conocido a Óscar no tendría esos maravillosos hijos. Brianne agradeció. Simplemente agradeció todo, incluso las infidelidades de Óscar que le habían hecho abrir los ojos; incluso sus malos tratos que le habían hecho tocar fondo para poder rebotar. Qué feliz era, qué perfecto era todo.

## 19

## Las semillas del futuro

Por la mañana se despertó con el canto de los pájaros y también, todo hay que reconocerlo, con el olor de café y tortitas que provenía de la cocina. Néstor había madrugado. Ya había recogido un poco y estaba preparando el desayuno para los dos. ¡Qué gran hombre era! Le contó que estaba casado con una mujer maravillosa desde hacía más de veinticinco años y que tenían dos hijos, ya independientes y en la universidad. Que su relación había tenido altibajos, como todas, pero que gracias al amor que se tenían ambos los habían superado juntos. Cada día se elegían, cada día se esforzaban por ser mejor para el otro pero sobre todo para sí mismos. ¡Sonaba todo tan bien!

Brianne le ayudó a recoger y preparó su mochila.

—Néstor, creo que es hora de irme. ¿Puede ayudarme a encontrar la salida del bosque?

—¡Por supuesto! Pero antes me gustaría plantar algunas cosas en mi huerto. ¿Quiere acompañarme?

—¿Ahora? ¿Tiene que ser precisamente ahora?

—El momento oportuno siempre es ahora, Brianne. Nunca hay uno mejor. Y menos para sembrar.

Brianne asintió sin estar del todo de acuerdo, pero confiaba en Néstor. Salieron a la parte trasera de la casa, donde él había dispuesto una pequeña parte del terreno para plantar vegetales. Brianne vio tomates, lechugas, melones y algunas calabazas.

—¡Qué buena pinta tiene todo! A mí me encantan las berenjenas, ¿no tiene?

—No, porque no las he plantado. Si plantas lechugas, recoges lechugas; si plantas melones, recoges melones. ¿Quiere plantar usted berenjenas?

—¿Yo? ¿Berenjenas? No, no, era solo un comentario. ¿Y qué plantará ahora?

—Algunos pimientos, judías verdes y sandías. Me vendrán bien dentro de un tiempo.

Néstor se arrodilló y empezó a cavar algunos huecos en la tierra con las manos. Después, abrió un pequeño saco de semillas y las fue colocando una a una en los agujeros.

—Entonces ¿usted qué va a sembrar?

—¿Yo? ¿Acaso tengo que hacerlo?

—Usted sabrá, si no siembra nada, no recogerá nada, ¿no cree? Lo que quiere no aparecerá por casualidad, ¡sino por causalidad! La suerte no existe, Brianne, todo es fruto de la intención, la preparación, el trabajo...

**»En la vida no obtendrás lo que necesitas, sino lo que mereces. Solo puedes cosechar lo que sembraste en algún momento.**

—Bueno, yo soy más de ir al supermercado, ¡ja, ja, ja!

—¿Y allí tienen todo lo que usted necesita? ¿Qué hay de su futuro? ¿Lo comprará también allí?

—¿Mi futuro? ¡Ja, ja, ja! Qué cosas tiene, Néstor. El futuro no está a la venta, que yo sepa.

—Claro que no, por eso lo tiene que cultivar usted. Cada uno siembra el suyo. Su futuro dependerá de lo que siembre hoy, ¡por eso no hay tiempo que perder!

—¿Acaso hay semillas de futuro?

—Pues sí, por extraño que le parezca; los sueños son las semillas de las realidades del futuro.

—O sea que, si planto sueños, ¿en el futuro se harán realidad?

—Si caen en tierra fértil y les proporciona las condiciones adecuadas no le quepa duda de que así será.

—¿Tierra fértil? ¿Y de qué condiciones habla?

Néstor cogió una de las semillas y se la enseñó.

—Mire esta semilla. ¿Qué cree que es?

—Uf, ni idea, son todas tan parecidas...

—Exacto. Aún no se ha desarrollado, no se ha convertido en lo que puede llegar a ser, pero todo su potencial está aquí dentro. En realidad, es una sandía, aunque aún tenga forma de semilla.

—Sí, en cierto modo sí.

—Usted, por ejemplo... Tiene un potencial dentro aún por desarrollar. Pero para crecer y revelar lo que ya está dentro de usted necesita tierra fértil y las condiciones adecuadas. En el caso de la sandía, si esta semilla cayera en terreno baldío, no germinaría. Y si se hallara en terreno fértil, pero no recibiera diariamente las condiciones adecuadas de luz, agua, etcétera, tampoco llegaría a ser la sandía que está destinada a ser. Por eso cuido tanto mi huerto. De otra manera no podría cosechar el fruto de mis semillas: abono el terreno, lo riego, lo protejo del sol, de los depredadores...

—Ya entiendo. Mis sueños son semillas, pueden convertirse en realidad, pero solo si trabajo y ayudo a que eso sea así.

—Claro, Brianne, pero el mero hecho de tener sueños no hará que germinen. Debe trabajar a diario para que eso sea así, adquiriendo nuevos conocimientos, creando hábitos que favorezcan la germinación y, sobre todo, regándolos con esfuerzo y con pensamientos positivos. ¡Somos lo que pensamos, no lo olvide! Y si no planta sueños, tampoco conseguirá nunca lo que quiere porque no se puede recoger nada que no haya sembrado y cuidado antes. Aún me sorprende la gente que espera recoger frutos sin haber sembrado nada, que echa la culpa a otros, o a las circunstancias, de su falta de suerte o de éxito. ¿Acaso creen en la magia? ¡En mi huerto no aparecen melones ni sandías porque tenga suerte! ¡Las he sembrado y cultivado yo! He preparado el terreno y he aportado el agua diariamente.

—Entonces ¿usted cree que yo puedo llegar a ser todo lo que quiera? ¿Y conseguir todo lo que desee? ¿De verdad?

—¡Pues claro! Pero solo si sabe lo que quiere ser. Usted plante esa semilla y verá cómo la vida se abrirá camino, como por arte de magia, para hacer que se desarrolle. ¡Esa tarea no nos corresponde a nosotros! Usted diga qué quiere, y la vida le mostrará el camino para conseguirlo, no se preocupe por eso.

En ese momento Brianne recordó a Amanda, la autostopista. Ella aún no sabía lo que quería ser, pero sí lo que no quería ser: farmacéutica.

—¿No basta con saber lo que no quiero ser?

—Me temo que no, querida Brianne. Es un comienzo, pero no es suficiente. Debe averiguar quién quiere ser con todo lujo de detalles. Usted decide si ser piedra o semilla. Las piedras no se transforman, no se convierten en otra cosa, son solo piedras, ¡no crecen, están muertas! Pero si decide ser semilla, todo conspirará a su favor para desarrollar su potencial.

—Es un poco abrumador, la verdad. Las semillas son tan frágiles y tan pequeñas...

—Ahí reside su belleza, en su capacidad de convertirse en algo muy grande, como todos nosotros. Cuando te cultivas y te nutres de cosas buenas te conviertes en algo grande, Brianne. ¡Todos somos grandes! Y cuando entiendes tu grandeza, no hay límites... no hay nada imposible, no hay nada que no pueda conseguir. Nuestra verdadera naturaleza es como la de las olas, que no son otra cosa que el océano mismo. Usted es su mejor proyecto y, paradójicamente, dedicándose a sí misma se estará dedicando a una causa mayor, porque su vida tiene un significado y un propósito dentro del todo y en relación con los demás.

Los dos se quedaron un rato en silencio. Brianne se dio cuenta de que el camino que había emprendido era, en realidad, mucho más largo de lo que ella había creído. Necesitaba saber quién era y qué quería, y según Néstor el resto vendría solo.

Se sintió algo aturdida por la profundidad de las palabras de Néstor, pero las entendió. Y en ese momento se sintió poderosa, infinita, llena de energía y confianza. Pero ¿para qué? ¿Qué quería conseguir? ¿Y cómo?

**—Solo tenemos que preparar un terreno fértil donde plantarlas, y no hay ninguno más fértil que el lleno de esperanza y confianza en uno mismo, en el que todo es posible. Solo ahí crecen las semillas.**

»Si usted cree que no vale nada, que no sirve para nada, que nada crecerá en usted, no se moleste en plantar nada porque ahí nada crecerá. Recuerde que la calidad de su tierra dependerá de la riqueza de sus pensamientos. Piense en grande, y será grande. No hay nada más triste que apuntar bajo y que te vaya bien.

—Ya entiendo, Néstor, ¡y creo que mi terreno empieza a ser muy fértil!

Brianne se dio cuenta de que el amor propio, la confianza en sí misma y la autoestima que había empezado a recuperar eran ese terreno fértil del que hablaba Néstor.

—Estoy seguro de que es así, pero no se olvide de crear las condiciones adecuadas después de sembrar. Si quiere que crezcan cosas buenas en abundancia, fórmese, invierta en usted, trabaje duro, aprenda de los demás, comparta sus éxitos, sea generosa y agradecida. Todo eso alimenta las semillas de la grandeza. Y, sobre todo, no olvide quitar la maleza y proteger su cultivo de todo aquel que quiera dañarlo.

—Néstor, ¿cómo sabe usted tanto de la vida? ¿Es acaso psicólogo, filósofo, algún tipo de visionario?

—No, Brianne, ¡qué va! ¡Yo simplemente soy viejo!

Los dos rieron y Brianne deseó más que nunca llegar a ser tan sabia como él para poder inspirar a los demás y compartir su alegría y su entusiasmo. ¿Podría ser quizá ese su propósito en la vida?

## Un nuevo camino

—Entonces ¿lista para partir?

—¡Por supuesto!

—Ha sido un placer conocerla y será un placer acompañarla. Deje que coja un mapa para indicarle el camino, hasta que no salga del bosque no tendrá cobertura.

Recorrieron juntos el camino de vuelta por el sendero hasta llegar al coche.

—Vaya, usted no se anda con chiquitas, ¡menudo coche!

A Brianne le encantó el comentario. Por primera vez se sintió dueña del coche en todos los sentidos. Ya formaba parte de ella.

—Bueno, digamos que lo estoy estrenando.

—¡Y no dudo que le traerá muchas alegrías! Con algo así, puede llegar muy lejos. Siempre que no vaya en piloto automático, claro. ¡Ya sabe!

—Sí, he aprendido la lección. Estoy al mando, no voy a dejar que nada ni nadie conduzca mi vida. Además, este coche tiene un buen motor y mucha potencia. Me puede llevar donde quiera mientras dure la gasolina, ¡ja, ja, ja!

—¡Exacto! Pero no me refería precisamente al coche, sino a usted. Tiene un cerebro y un corazón que funcionan bien, no tiene problemas de salud, ¡es inteligente! También posee todo lo que necesita para alcanzar su máximo potencial. Y, como usted dice, su coche solo funcionará si le pone gasolina. ¡Y un Ferrari necesita la mejor! Sin ella el motor no funcionaría y nunca alcanzaría su máxima velocidad. Se quedará, simplemente, aparcado. ¿Quiere usted eso, amiga mía?

**»Alimente su depósito cada día con el mejor combustible para rendir como merece: buenos alimentos, nuevos conocimientos, pensamientos positivos, hábitos adecuados y mucha motivación.**

»Le aseguro que entonces y solo entonces llegará tan lejos como pueda. Eso sí, no olvide los descansos para evitar el sobrecalentamiento del motor, ni el mantenimiento necesario para realizar las pequeñas reparaciones que permitan que todo funcione como debería.

Brianne se rio. Le parecía una bonita metáfora.

—¿Acaso me está comparando con mi Ferrari, Néstor?

—¡Usted es el Ferrari! ¿Acaso no lo había deducido ya? Usted tiene algo especial, un brillo interior que está deseando salir y deslumbrar. ¡No tiene que pedir permiso a nadie! ¿A qué espera?

—A que me dé las indicaciones para salir de aquí, ¡ja, ja, ja!

Los dos rieron. Néstor sacó su mapa y lo desdobló.

Parecía uno de esos mapas antiguos de carreteras que ya casi no se usan, pero estaba lleno de caminos y senderos.

—A ver, estamos aquí, ¿ve? Y usted me ha dicho que va a Originia, ¿no? Entonces, tiene que seguir este caminito de aquí para llegar a un claro del bosque y luego tomar este sendero. Le costará pasar con el coche porque no está muy transitado, pero creo que podrá hacerlo si aparta un poco de maleza. Después, siga este otro de aquí y cuando llegue a este punto, ya enlaza con la carretera principal.

—Vaya, dudo que mi GPS, aunque hubiera funcionado en esta zona, me indicara todos estos senderos. Solo señala rutas ya transitadas y reconocidas, ¡no habría visto la salida!

—Así es, solemos utilizar mapas con posibilidades muy restringidas, mapas limitados a aquellos caminos que ya recorrimos y nos llevaron a lugares que ya conocemos.

**»Solo con nuevos mapas ampliados veremos esas vías alternativas que antes ni nos planteábamos seguir que nos llevarán a lugares a los que jamás imaginamos llegar.**

Brianne se quedó pensativa.

—¿Está tratando de decirme algo de nuevo, Néstor?

—Usted es inteligente, Brianne, seguro que lo entiende. El mundo exterior es solo un reflejo del interior. Quédese el mapa, por ahora lo necesitará para salir de aquí.

Brianne se sintió superagradecida. Le dio un gran abrazo y metió la mochila en el maletero.

—Los mejores viajes se hacen con poco equipaje, veo que eso ya lo trae aprendido.

—¡Sí, así es! Todo lo que necesito para el camino ya lo tengo. El resto es solo una carga innecesaria.

—Efectivamente. Lo más importante y lo único que necesitamos no ocupa espacio, lo llevamos dentro. La potencia del motor está muy bien, pero solo te hará ir más rápido en las rectas. Lo que de verdad te permitirá ir más rápido en cualquier parte ¡es llevar poco peso! Ahora, viaje con cuidado hasta su destino y recuerde no mirar atrás, ¡siempre al frente! Su futuro la necesita más que su pasado.

—Así lo haré, ¡muchísimas gracias!

—Y, sobre todo, ¡disfrute del viaje!

Brianne se despidió y se alejó poco a poco por el bosque. Recorrió esos senderos que jamás habría visto con su GPS. ¿Qué habría querido decir Néstor? ¿Se referiría en realidad a su mapa mental, a su brújula interior? Si no tenía  mucha información, si solo veía lo obvio, lo que se atisbaba a simple vista por todo el mundo, no percibiría esos pequeños caminos aún sin transitar, ¡pero que ella misma podía crear!

Quería ser capaz de ver esos caminos inexplorados pero posibles, esos que solo con una mente abierta se pueden ver, sin complejos, sin suposiciones, sin prejuicios. Todo era posible y que alguien no hubiera recorrido un camino, no significaba que ella no lo pudiera hacer.

Quería ampliar su mapa, completarlo añadiéndole opciones y posibilidades, nuevas vías para llegar a su destino. Y para eso necesitaba conocer, explorar y estar atenta a esas nuevas posibilidades. Nada era imposible, podría dibujar cualquier camino que quisiera en su mapa. Brianne estaba feliz, se sintió dueña de sí misma y de su Ferrari. Ella era el Ferrari. Quería explorar sus límites, su potencial, competir con ella misma. Y todo eso fuera de su cárcel, esa cárcel imaginaria que ella misma se había creado con cadenas de vergüenza, culpabilidad, tristeza y falta de amor propio, aceptación de sí misma y merecimiento.

Había pasado demasiado tiempo en el garaje y le faltaba práctica, pero todo era cuestión de eso, de práctica. Y esta se consigue practicando. Y el camino se hace al andar. Sintió que por fin estaba haciendo su camino, uno solo para ella, diseñado para ella y en el que ella encajaba. No le apretaba y no le dolía. Simplemente era ella en conexión perfecta con todo lo demás. Brianne reía, ella sola. Reír por reír sintiéndose por fin, libre.

Al llegar a la salida del bosque, comprobó que su móvil volvía a tener señal, el GPS volvía a funcionar. Vio que en pocas horas llegaría a su ciudad, y seguramente Maya estaría también a punto de llegar, así que la llamó.

—¡Maya! ¿Cómo estás? ¿Qué tal tus conferencias?

—Pues muy bien, llegando ya a casa. ¿Y tú? ¿Qué dijeron papá y mamá al verte?

—Bueno, ¡aún no estoy allí! Digamos que he tenido una parada de mantenimiento.

—Ay, Brianne, ¡ya me contarás! ¡Últimamente estás muy enigmática! ¿Nos vemos un poco antes de ir al restaurante? ¿Por qué no te pasas por casa y tomamos algo antes de la cena?

—Buena idea, creo que me dará tiempo, ¡si no vuelvo a perderme!

Brianne no estaba preocupada por eso. Si se perdía de nuevo, estaba segura de que sería porque tenía que ocurrir en su viaje y que era parte de él. Descubriría algo, aprendería algo, conocería algo. ¡Daba igual! Nunca se había sentido tan ligera de preocupaciones. Estaba preparada para cualquier cosa que tuviera que suceder y la aceptaría sin cuestionarla. Haberse perdido en el bosque había resultado mejor que haber continuado el camino sin conocer a Néstor. Así que confiaba en la vida y en su destino para que pusiera en su camino todos los obstáculos que fueran necesarios, como a las hormigas, para que ella tuviera la oportunidad de dar un rodeo y tener experiencias fuera de la ruta preestablecida.

—Vale, ¡qué ganas de verte, Brianne! Además, te noto muy bien, ¿qué te ha pasado?

—Ya te contaré, Maya. Tantas cosas...

## Como nueva

Brianne colgó y emprendió su camino hacia Originia. Néstor le había dado agua para el viaje e incluso le había preparado un sándwich de huevo. Así no tendría que parar a comer y llegaría antes. ¡Le apetecía tanto abrazar a Maya! Condujo un largo rato, hasta llegar por fin a una zona próxima a la ciudad. Había empezado a atravesar pueblos y ciudades y veía a gente paseando, niños jugando, familias y grupos de amigos disfrutando en las terrazas...

En un semáforo se fijó en la cantidad de tiendas, establecimientos y centros de belleza que había en la ciudad. Y de repente se dio cuenta de que no tenía nada que ponerse para la cena. ¿Pensaba presentarse así de desaliñada delante de gente que hacía más de veinte años que no veía? Miró la hora y comprobó que le daba tiempo de parar a comprar algo de ropa y arreglarse un poco, así que buscó un aparcamiento donde dejar el coche en una zona céntrica y se dispuso a buscar una boutique y una peluquería. Un poco de «chapa y pintura», como diría Néstor, le vendría bien.

Una vez aparcado el coche salió a la calle. Caminó un rato hasta encontrar un salón de belleza que tenía buena pinta, pero parecía caro. Brianne dudó si seguir buscando uno más barato o entrar en ese, donde uno de los empleados le sonreía desde dentro en señal de bienvenida. Ella le devolvió la sonrisa, suspiró y entró.

—Buenas tardes, señora. ¿Cómo la podemos ayudar?

—Tengo una cena especial esta noche, así que me gustaría hacer algo con mi pelo y quizá ponerme un poco de maquillaje, no estoy segura.

—Pues está en el sitio correcto. Algo tan bonito y tan valioso necesita los mejores cuidados.

¿Bonita y valiosa ella? Hacía muchos años que nadie le decía eso, ni siquiera ella misma, pero ¿acaso no le había dicho Néstor que ella era un Ferrari? Los Ferraris necesitan un buen mantenimiento y no precisamente barato. Y pensándolo bien, ¿cuánto estaría gastando Óscar en eso? Ella hacía tiempo que había renunciado a gastar dinero en cuidarse o mimarse. ¿Cómo iba a pensar en eso con las matrículas del colegio, la ropa de trabajo de Óscar, el alquiler, los seguros médicos, las extraescolares...? Cualquier lujo para ella había sido hasta ahora impensable, las necesidades de su familia siempre habían ido primero y solo si sobraba algo, a veces se permitía algún capricho, como ropa nueva o algún artículo de decoración para la casa. ¿Cómo podía ser que tuvieran dinero para mantener el Ferrari de Óscar pero no para un simple corte de pelo para ella? Ya era hora de reordenar sus prioridades y darse su lugar.

Decidida y algo despechada, entregó la sudadera al recepcionista para que le pusiera la capa de tela que protege la ropa.

—¿Qué le hacemos entonces? Tenemos tratamientos faciales, masajes, manicura, pedicura, corte y color...

—Todo, ¡lo quiero todo!

Brianne estaba eufórica. No podía creerse que estuviera a punto de gastar mucho dinero en ella. ¡Y no le importaba! Lo merecía, hacía siglos que no invertía nada en ella y ya era hora. Ya estaba bien de que todos tuvieran siempre algo menos ella.

—Estupendo, ¿cuánto tiempo tiene?

Brianne miró el reloj. Podía estar allí un par de horas y luego emplear otra hora para buscar la ropa adecuada para la cena y, aun así, llegaría a tiempo.

—Solo tengo dos horas, pero seguro que algunas cosas pueden hacerse de manera simultánea, ¿no?

—Claro que sí. Podemos empezar con un masaje y limpieza facial mientras le hacen la manicura y la pedicura, y luego pasar ya al corte y peinado. Color no le hace falta.

—Uy, pero ¡qué dice! Mire estas canas.

—¡Pero si apenas tiene! Además, las que tiene le dan un toque muy interesante. Yo las dejaría y mire que soy peluquero, pero cuando algo queda bien y da carácter, no hay que tocarlo. Y para terminar, si quiere podemos realizar un maquillaje exprés ligero, ¡tiene una piel perfecta!

—Perfectamente arrugada, querrá decir, ¡ja, ja, ja!

**—¿Y qué sería una cara sin arrugas? Una vida no vivida, vacía, aburrida y sin sentido. ¡Hay que llenar los años de vida, señora, y no la vida de años!**

A Brianne eso le encantó. Las arrugas le daban un aire interesante, un aura de experiencia y sabiduría que no tenían las jovencitas. Las arrugas eran como las cicatrices, pruebas de su vulnerabilidad, señales de heridas superadas e historias dignas de ser contadas.

—Las arrugas nos hacen únicos, nos dan personalidad, ¡no hay dos iguales! Si me lo permitieran, usaría el maquillaje para resaltarlas en lugar de ocultarlas. ¿Puede haber algo más bello que el rastro que deja la vida después de ser vivida?

Brianne se sintió a gusto consigo misma incluso antes de peinarse o maquillarse. Estaba harta de reprocharse todo, ¡hasta su físico! Ya estaba bien de restarse valor.

—Acompáñeme, siéntese aquí y relájese.

Las siguientes dos horas fueron para Brianne una delicia. Además, le trajeron un café con leche y una magdalena. Pero no de esas baratas que ella compraba en el supermercado para no derrochar, no, una recién hecha, rellena de arándanos y con una crema de mantequilla por encima adornada con confeti de azúcar. Saboreó la magdalena y su momento para ella como hacía tiempo que no había disfrutado nada.

La masajista era estupenda, la manicurista aún más y el corte de pelo que le hicieron era fantástico. Pidió que le hicieran un maquillaje suave y natural. Ya tenía una edad, y no estaba acostumbrada a llevar maquillaje y no quería verse rara. Las dos horas pasaron volando, pagó con mucho gusto la factura y salió en busca de un vestido. ¿O mejor blusa y pantalón? Bueno, daba igual: algo que le sentara bien y con lo que se viera guapa. Entró en un par de tiendas, pero no vio nada que le gustara demasiado. Después dos más, y otras dos. Nada. Lo que le gustaba no le cabía y lo que le cabía no le gustaba.

Definitivamente, tenía que librarse de esos kilos de más. Estaba claro que se sentía incómoda con ellos y no le iban a permitir volver a ser quien era. No se reconocía bajo esa capa de grasa inservible que, encima, le impedía vestir como ella quería. Empezaba a no darle tan igual ponerse cualquier cosa y un moño.

**Quería que la imagen que le devolviera el espejo coincidiera con esa Brianne que se sentía por dentro.**

Adelgazar no iba a ser fácil, pero ¿qué lo era en realidad? Recordó las palabras de Néstor de sembrar para recoger, y estaba claro que si sembraba dónuts y magdalenas recogería capas de grasa. Los kilos no iban a desaparecer por arte de magia por mucho que lo deseara, tendría que trabajar en ello. Y tenía que empezar ya mismo, ¡la siembra siempre es urgente!

Se miró en el espejo y se visualizó dentro de un tiempo, con un cuerpo más esbelto, como el que ella solía tener, con el que se sentía ligera y fuerte para conseguir cualquier cosa. ¡Eso era lo que sembraría hoy! Se arrepintió de haberse comido la magdalena en el centro de estética, pero también se perdonó porque aún no había decidido sembrar un cuerpo esbelto. Lo hacía en ese momento, y se estaba comprometiendo a ello allí mismo, delante del espejo. Y como eso tardaría un tiempo (no hay nada que se siembre que florezca al día siguiente), Brianne decidió aceptarse y quererse en el proceso, porque esa semilla del cambio ya había caído en terreno fértil y solo era cuestión de cuidarla durante unos meses. Así que dejó de reprocharse su apariencia, que solo era temporal como la crisálida de una mariposa, cogió un pantalón y un blusón negro de uno de los estantes y se fue a los probadores.

Al mirarse en el espejo comprobó que no le quedaba nada mal. El negro siempre le había favorecido, y con unos complementos que le dejara Maya estaría estupenda. Brianne se gustaba. Pagó y salió de la tienda con paso firme camino del aparcamiento.

## Liberar al prisionero

Una vez de vuelta en la carretera, miró el GPS. Quedaba menos de una hora para llegar a casa de Maya y empezó a ponerse nerviosa por la cena, y a pensar si recordaría los nombres de todos. Gala era su mejor amiga de la infancia, pero no sabía si estaría en la cena o no porque Maya no le había confirmado quién iría; David, el chico que estaba loco por ella pero al que Brianne siempre vio como un amigo; Dante, el travieso de la clase que siempre estaba castigado; Marina, la chica gordita de la que todos se reían; Álvaro, el empollón que competía con Brianne... ¿Qué habría sido de todos ellos? Sonreía al recordar aquellos años de infancia tan felices e inocentes.

Continuó su camino ilusionada, ¡le apetecía tanto esa cena! ¿Por qué no habían organizado una antes? ¿Por qué no lo había hecho ella?

Llegó a Originia, así lo indicaba el gran cartel con el nombre de la ciudad situado en una gran rotonda a la entrada. Unas letras metálicas y oxidadas le daban la bienvenida a la ciudad que la vio nacer. Respiró hondo. Empezó a reconocer olores, tiendas, fachadas, parques... ¡Estaba todo igual! Recorrió algunas calles hasta llegar a casa de Maya, disimulando ante las miradas de los transeúntes, que observaban el Ferrari como si no hubieran visto antes ninguno. De momento nadie la había reconocido a pesar de ser una ciudad pequeña. Había cambiado tanto...

Se detuvo enfrente del bloque de Maya. Tenía que aparcar, pero solo había un hueco entre un árbol y un contenedor que parecía demasiado justo para el coche. Miró a un lado y a otro, para ver si había alguien que la pudiera ayudar, pero en ese momento no había nadie. ¿Y si lo intentaba ella sola? ¿Qué podía pasar? ¿Que rayara el coche? ¿Y? No era el fin del mundo. Así que decidió intentarlo. Maniobró una y otra vez, pero nada, ¡un desastre! Consiguió meter un poco el coche en el hueco, ¡ya casi lo tenía! Enderezó, dio marcha atrás y... le dio al árbol.

Se bajó del coche. Estaba perfectamente encajado en el hueco y eso le hizo gracia. ¡Lo había conseguido! Pero ahora el Ferrari tenía una pequeña abolladura y unos cuantos raspones en la parte trasera. Sin embargo, esta vez, en lugar de agobiarse por el incidente o por la bronca de Óscar, simplemente sonrió. Era la cicatriz perfecta de un viaje extraordinario. No quería borrarla, ¡todo lo contrario! Se sentía orgullosa de ella porque mostraba su hazaña, el valor que había tenido para llegar hasta allí, la prueba de la valentía que había mostrado al emprender el viaje...

Así que cogió su mochila, cerró el coche y caminó hasta el portal de Maya.

—*Amore*, ¡ya estoy aquí!

—¿Sí? Te abro, ¡sube!

En un minuto estaba en la puerta del piso de Maya, que

la esperaba con los brazos abiertos y una gran sonrisa. Se pusieron a dar saltos y a abrazarse. Maya estaba tan guapa, tan sonriente, tan ella... Entraron y Maya le enseñó su nuevo piso, bastante sencillo y humilde, pero muy acogedor.

—Brianne, mira, he comprado los cruasanes que tanto te gustaban de pequeña.

—¿De verdad? ¡Qué buena pinta! Comeré solo uno, que ya no parecemos ni gemelas sino trillizas, ¡y yo soy dos de ellas!

Las dos rieron, la verdad es que Maya lucía un tipo estupendo, exactamente el que tenía Brianne antes de comer de forma compulsiva para contrarrestar la tristeza. ¡Se la veía tan sana! Prepararon también un poco de café para acompañar los cruasanes y charlaron durante un buen rato. ¡Hacía tanto tiempo que no se veían en persona!

—Bri, ¡te veo bien! Te esperaba diferente, se te oía tan abatida al teléfono estos días atrás...

—Bueno, Maya, es que no soy la misma desde que salí de casa. Ya te contaré, ha sido un largo viaje en todos los sentidos.

—Entonces ¿estás bien?

—Creo que sí, Maya, me he dado cuenta de que tenías razón y Óscar en realidad no me quiere. No quería decírtelo para evitar tu regañina, pero he descubierto la verdad que duele más que todas sus mentiras: está de nuevo con otra. Y creo que siempre ha sido así, él es de esa manera, y no tiene ninguna intención de cambiar. Pero, como suele decirse, «la verdad os hará libres», y yo ahora lo soy.

—¡Lo sabía! ¿Ves? Es un sinvergüenza, ¡no merece la pena! Y tú confiando en él todos estos años a pesar de todas las señales, ¡de todas las advertencias! Es un pobre desgraciado que no te merece.

—Lo sé, Maya, supongo que prefería no verlo. Pero ahora que he vencido el autoengaño, lo veo con más objetividad, y he entendido que estaba proyectando en él mis deseos y expectativas. Está claro que mi lugar no está a su lado. Aún no sé dónde está mi sitio, estoy un poco perdida, ¡pero lo encontraré!

—Pues claro, Bri, es fácil perderse, sobre todo en otros cuando te hacen creer que son el amor de tu vida. ¡Menuda decepción de persona! Tantas promesas, tantas mentiras... ¡Siempre ocultando la realidad para que no le dejaras! Ha debido ser un golpe muy duro descubrir todo eso.

—Lo ha sido, por supuesto, pero sobre todo por venir de quien menos lo esperaba.

—Desde luego, ¡es imperdonable lo que ha hecho!

—Bueno, entiendo que estés enfadada, yo también lo he estado. No te imaginas la rabia y la sensación de impotencia al darme cuenta de mi ingenuidad, de lo tonta que he sido aguantando lo inaguantable ¡y tolerando lo intolerable! Pero sentir rabia y resentimiento solo me hace daño a mí. Prefiero perdonar y seguir adelante con mi vida.

—¿¿¿Perdonar??? Pero ¿cómo le vas a perdonar lo que te ha hecho?

—Maya, perdonarle no significa justificar lo que ha hecho, ¡todo lo contrario! Es inaceptable y por eso le dejo. Ya no quiero más de lo que me da, no deseo que siga formando parte de mi vida, ya he aprendido lo que debía aprender estando a su lado: qué no es amor y la importancia de amarse a uno mismo. Si me hubiera querido más a mí misma, habría puesto límites, habría protegido mi dignidad y no habría permitido ciertas cosas.

**»Reconozco que eso no es culpa suya, era mi responsabilidad quererme, así como también lo es ahora decidir cómo sentirme a partir de ahora.**

—¿Sentirte? ¿Y cómo te vas a sentir? Pues fatal, Brianne, ¡es totalmente comprensible!

—Sí, lo sé... No es nada agradable. El descarte, el abandono, la traición, la mentira y el desamor duelen, ¡y mucho! Pero yo no quiero ser prisionera de ese dolor. No quiero que dure para siempre. No podemos controlar lo que pasa, pero sí nuestra reacción o manera de responder ante ello. No será fácil ni rápido superarlo, pero yo quiero sentirme bien. Y para eso, el perdón es necesario, no por él, sino por mí.

**»Perdonar es la manera de evitar que lo que me ha hecho me siga afectando o me duela al recordarlo. Eso solo me impediría continuar mi camino con alegría y esperanza.**

»Le perdono no porque él lo merezca, sino porque lo merezco yo. Es una decisión egoísta, algo que hago por mí, ¿lo entiendes?

—Creo que sí. Pero hace falta mucho valor para eso. Es complicado olvidar.

—Yo no he dicho que lo vaya a olvidar. Eso es imposible y, además, no es conveniente. Necesito recordar lo ocurrido para no caer en el mismo error con otra persona. Pero perdonando podré recordar sin dolor, ¿comprendes?

—Claro, Brianne, tienes razón. Sentir algo por él, aunque sea odio o rencor, te mantiene atada a esa persona que tienes que alejar de tu vida. Es mejor la indiferencia, perdonar y seguir tu camino.

—Más que indiferencia, «compasión», Maya. Está claro que no es feliz, y todo lo que me ha hecho o dicho ha sido solo para convertirme en lo que él necesita para cubrir sus carencias, sus vacíos, sus complejos, su falta de autoestima y amor propio. No ha sido para hacerme daño a mí, sino para sentirse mejor él. ¡Yo le doy igual!

—Ya te dije que te despreciaba para sentirse alguien, ¡para que no le deslumbraras porque sabe que él es un mindundi! Necesitaba hacerte sentir que tú no valías nada para sobresalir, ¡y lo consiguió! Y ese Ferrari que tiene, no es más que una fachada para convencer a los demás de que no es un fracasado, un pelele al que envían de un lado a otro prometiéndole ascensos que nunca llegan.

—Sí, es así de triste es. Y todas las fiestas a las que ha ido a escondidas, todas esas mujeres con las que se ha acostado a mis espaldas no eran más que intentos de sentir poder y control sobre mí. Necesita todas esas mentiras porque le protegen de la verdad de quién es realmente. Pobre. Pero hemos sido tal para cual: yo buscaba la aprobación de Óscar para sentirme valiosa, y justo era eso lo que le permitía alimentar su pobre ego. Hemos tratado de llenar ingenuamente nuestros vacíos el uno con el otro porque ninguno estaba completo, ¡por eso seguíamos juntos! Ahora entiendo por qué nunca me dejaba a pesar de no quererme. ¡Tenía más miedo que yo de separarse!

—Ya te lo decía yo, Brianne, ¡te necesitaba! Pero ahora que te quieres, no te hace falta, él debe seguir su camino y encontrar la manera de llenar por sí mismo sus vacíos. No puede esperar que el amor y el reconocimiento que necesita venga de fuera, ni tú ni ninguna otra mujer podrá hacerlo. Dejarle es lo mejor que puedes hacer por él. Si sigues a su lado, jamás aprenderá a darse lo que necesita. Esa no es tu batalla, es solo suya. Él es quien debe perdonarse para dejar de ser esclavo de sí mismo y de todo lo que ha hecho.

—Exacto. Mi única responsabilidad ahora es cuidar de mí misma y darme todo lo que necesito para ser feliz. ¡Cuántos años he tardado en aprenderlo, Maya! ¡Pero nunca es tarde!

## 23

## El mejor maquillaje

Brianne se sentía feliz. Todo era perfecto, todo había sido como debía ser, todo era parte del camino y ella era la única responsable de lo que le había ocurrido, porque su relación con Óscar no había sido más que el reflejo de cómo se relacionaba con ella misma.

—¿Y entonces? ¿Qué vas a hacer ahora? ¿Cómo se lo vas a decir?

—Pues ni idea. Pero alguien me dijo hace poco que si tengo claro el qué, el cómo se mostrará solo. Y ese qué lo tengo muy claro: me separo de Óscar, no quiero una persona así en mi vida. Es una decisión firme, ya encontraré la manera de decírselo a él, a los niños, a nuestros padres... Tampoco sé cómo voy a arreglármelas sola con tres niños y sin trabajo, ¡pero encontraré la manera!

—¡Por supuesto! Por los niños quédate tranquila, Bri. ¡Van a estar mejor que nunca!

**»Van a ver a una madre fuerte, triunfadora, segura de sí misma, autónoma, con pasión por la vida. ¡Serás todo un ejemplo!**

»Además, nos tienes a todos de tu lado, ya lo sabes. Tienes a mucha gente que te quiere ¡y toda la vida por delante para disfrutarla!

—Bueno, tanta vida ya no, ¡ja, ja, ja! ¡Tengo cuarenta años!

—¡La mejor edad! Te lo digo yo, que tengo la misma edad que tú. A los cuarenta tienes el mundo a tus pies, ya tienes experiencia, has cometido errores, has sufrido desengaños... Eres más sabia, más serena, más comprensiva y empática. La vida te está dando una segunda oportunidad para hacer las cosas mejor con todo lo que has aprendido.

Brianne se dio cuenta de cuánto había echado de menos a su hermana y de todo lo que significaba para ella. La abrazó y sin poder evitarlo, las dos se echaron a llorar. Pero esta vez era de alegría. Se sitió en paz, en armonía con el todo, tal y como le había explicado Néstor. Tenía tanta suerte, se sentía tan realizada, satisfecha y completa, que no podía evitar que se le escaparan las lágrimas.

—Bueno, Bri, ¡tenemos que arreglarnos para la cena! ¿Tú ya estás lista?

—Pues había pensado que me podrías dejar algunos complementos. No sé, algún collar, unos pendientes, un pañuelo... Solo me ha dado tiempo a comprarme esto.

—¡Estás estupenda! Acompáñame a mi habitación, a ver qué tengo por ahí. Y te pondrás algo más de maquillaje, ¿no?

—¿Más? ¡Pero si me acaban de maquillar!

—Te vendría bien un poco más, tienes unos ojos preciosos y no te los han resaltado bien, ¡déjame a mí! ¡Recuerda que los tenemos iguales! Maquillarte a ti será como maquillarme a mí misma.

Las dos rieron y fueron a la habitación de Maya.

—¿Dormirás hoy conmigo, verdad, Bri?

—Bueno, eso si no trastoco tus planes.

Brianne se rio mientras retiraba con sorna un pijama de hombre que había sobre la cama.

—¡Ah, eso! ¡Ja, ja, ja! No hay mejor plan que dormir contigo hoy. Ese pijama es de Pablo, un compañero de trabajo, nada serio, ya sabes. ¡Yo necesito mi espacio! Juntos pero no revueltos, cada uno vive en su casa y nos vemos de vez en cuando. Yo lo prefiero así. ¡Es un romance continuo! Me arreglo para la ocasión, viajamos juntos de vez en cuando, nos mimamos... los momentos juntos son increíbles, pero cada uno tiene sus proyectos, sus ambiciones... ¡Es perfecto!

Mientras Maya le explicada lo feliz que era con las relaciones sin ataduras, rebuscaba en su armario algo para prestárselo a Brianne; encontró un pañuelo de seda precioso y algunos complementos para el pelo. Después, la maquilló un poco.

—Mírate, ¡estás guapísima!

Efectivamente.

**Brianne se miró en el espejo y casi no se reconoció. Apareció una sonrisa en su cara que hacía tiempo que no veía.**

Le sobraban unos kilos, sí, pero eso no restaba nada de la belleza que una vez tuvo ¡y aún tenía!

—¿Lista? ¿Nos vamos?

Iba a asentir con entusiasmo cuando

sonó su móvil. Era Óscar. Brianne palideció, pero su hermana la cogió fuerte de la mano.

—¿Sí?

—¡Hola, mamá!

—¡Amor!

Era Maimie, con su vocecita infantil y alegre.

—¿Qué haces, mi vida?

—Hemos estado toda la tarde jugando y ahora vamos a cenar. ¡Papá ha jugado con nosotros! Ahora se está duchando, le estamos esperando.

—¿Ah, sí? ¡Qué bien! ¿Y tus hermanos?

—Están aquí conmigo, espera, que te ponemos en altavoz.

—Chicos, ¿qué tal todo?

—Nosotros bien, mamá, ¿y tú?

—Pues yo estoy con mi hermana, vuestra tía Maya, ¿la queréis ver?

—¡¡¡Síííí!!!

—Esperad, que pongo la cámara.

Brianne activó la cámara frontal de su móvil, dejándose ver junto a Maya.

—Mamá, ¡estás guapísima!

—Gracias, Nico, ¡tú también!

—¡Sí! ¿Por qué no te pones siempre así? ¡Yo quiero tener el pelo como tú!

—Claro que sí, te haré este peinado cuando vuelva, Maimie.

—¡Tía Maya! Hace mucho que no te vemos. Te queremos mucho.

—¡Y yo a vosotros! A partir de ahora nos veremos más,

pero ¿habéis visto lo guapa que está vuestra madre? Yo creo que es por la sonrisa.

—¡Yo también! Mamá, ¿ya no estás triste?

—No mi vida, ya no estoy triste.

—Entonces ¿por qué lloras?

Brianne se había emocionado. Sus hijos querían verla feliz, y lo estaba consiguiendo. No querían verla triste ni apagada y esa parecía ser la imagen que tenían de ella.

—No estoy llorando, es que se me ha metido algo en el ojo. Maya me ha maquillado y será la máscara de pestañas.

—¡Pues maquíllate siempre, mamá, dile a Maya que te enseñe!

—Claro que sí, no te preocupes. Bueno, chicos, os tengo que dejar, que nos vamos a una cena.

—¿A una cena? ¿Con quién?

—Con amigos, los que tenía cuando era pequeña como vosotros.

—Yo cuando sea mayor también voy a seguir teniendo a mis amigos. Jugaremos siempre juntos, nos lo hemos prometido.

—Esto está muy bien, Álex, los amigos hay que conservarlos siempre.

—Mamá, ya viene papá a buscarnos, hablamos mañana, ¡que tenemos hambre!

—Claro, claro, ¡pasadlo bien! ¡Un beso a los tres!

Brianne colgó. Abrazó a Maya tan fuerte que esta se quejó porque le asfixiaba.

—Todo saldrá bien, Bri, ¿no ves que tus hijos te quieren? Sabrás salir adelante. Deja que te retoque el maquillaje y nos vamos, ¡va a ser una gran noche!

## 24

## Hacia tu mejor versión

—Bri, ¡adivina dónde he reservado!

—¿Dónde? ¡No tengo ni idea!

—¿Recuerdas aquel restaurante pequeñito, Encájalo, donde siempre íbamos de pequeñas a merendar los domingos?

—¡Sí! ¡Ja, ja, ja! El dueño, Ángel, siempre nos decía con cariño algo feo y terminaba con un «¡Encájalo!». Cosas como «Maya, no has crecido mucho este mes, ¡encájalo!», «Brianne, hoy tu hermana está más guapa que tú y eso que sois gemelas, ¡encájalo!».

—Sí, un buen tipo... Pero no vamos ahí. Lamentablemente el restaurante quebró y tuvo que cerrar. El pobre Ángel pasó una mala racha.

—No me digas, pobre, con lo simpático y trabajador que era. ¿Qué pasó? ¡Si todo parecía ir de maravilla!

—Su mujer enfermó de gravedad y él lo dejó todo para cuidarla. Desatendió el restaurante y al final tuvo que cerrar. Fue un golpe durísimo, lo pasaron fatal, pero por suerte ahora su mujer está bien, han logrado superarlo y ¿sabes qué? ¡Ha abierto un restaurante aún mejor! Se llama Encaja-2.

—¿Encajados? ¡Desde luego Ángel derrocha creatividad!

—¡Sí! «Dos» porque es el segundo y porque ahora no está solo, sino que lo lleva con su mujer. Y, verás, he reservado ahí, es un concepto superdivertido, el restaurante está construido como por bloques o cajas, y ofrece cenas privadas para grupos en cada una de esas cajas.

—¡Así que estaremos encajados allí! ¡Ja, ja, ja! Pues me alegro mucho de que se haya reinventado.

—Desde luego, y no solo eso. Le va tan bien que está abriendo otro local que se llama Desencajados, en el que ofrece monólogos cómicos para amenizar las cenas.

—¡Madre mía! Pues sí que ha vuelto con fuerza.

—Sí, sí, totalmente. Ahora su mujer trabaja con él haciendo de relaciones públicas y contratando proveedores, artistas, supervisando la decoración, los menús...

Brianne se alegró muchísimo por Ángel, le pareció increíble que se hubiera recuperado de aquella manera después de haberlo pasado tan mal, de perderlo todo, y haber lidiado con la enfermedad de su mujer y a su edad...

—¡Qué bien! Qué ganas de verle. ¿Se acordará de mí, tú crees?

—¿Cómo no va a acordarse si eres mi gemela? Yo voy habitualmente. Y si no se acuerda de ti, ¡encájalo! ¡Ja, ja, ja! Eso sí, hay que ir en coche, está un poco apartado del centro. ¿Puedo llevar tu Ferrari?

—Bueno, te dejo probarlo un rato, ¡pero luego conduzco yo!

## »He aprendido que es mejor ser piloto que copiloto en tu propio coche.

Las dos rieron. Se cogieron de la mano y salieron para ir al restaurante. Brianne dejó que Maya cogiera el coche y lo llevara el primer tramo del camino, pero en cuanto se apartaron un poco del centro, se puso ella al volante.

—Ay, Maya, quién me lo iba a decir, ¡estoy conduciendo un Ferrari por Originia con mi hermana al lado! Jamás lo habría imaginado.

—Ya ves, en la vida nunca se sabe, ¿eh? ¡Pueden pasar tantas cosas!

Brianne se sintió muy feliz y llena de energía, pero serena a la vez. Tenía muchas ganas de ver a sus compañeros, saber qué había sido de ellos. Enseguida llegaron al restaurante. Maya tenía razón, parecían un montón de cajas apiladas, pero en conjunto, todo tenía sentido. Era precioso.

Brianne aparcó fuera. Había muchos sitios libres, así que no le resultó difícil. En ese momento otro coche aparcó al lado. Un flamante BMW familiar con la pegatina de BEBÉ A BORDO en el parabrisas trasero. Se bajó un hombre alto, delgado y vestido con camisa y pantalones vaqueros. Llevaba un sombrero de piel estilo vaquero y completaba su extraño look con unas botas de cuero puntiagudas y una gran barba algo rizada. Lo más raro era que llevaba gafas de sol oscuras, ¡y ya era casi de noche! Era el tipo más peculiar que Brianne hubiera visto últimamente.

El hombre se acercó a ellas con una gran sonrisa, se quitó las gafas y las saludó.

—Muy buenas, señoritas.

—¿¿¿Dante???

¡Era Dante! El gamberro de la clase, el que siempre suspendía, el que seguía sus propias reglas... ¿Y ahora con esas pintas y un BMW familiar? ¡Increíble!

Se dieron un gran abrazo al verse. Brianne no salía de su asombro.

—Dante, ¡madre mía! ¡Estás irreconocible! ¡Estoy deseando que nos cuentes tu vida! ¡Tiene pinta de ser muy interesante!

—Pues no te voy a decir que no, ¡ja, ja, ja! No me quejo, ¡desde luego no me aburro y me va muy bien! Venga, ¡vamos a ver a los demás!

Brianne apretó la mano de su hermana y, con una gran sonrisa, entraron en el restaurante. Efectivamente, ahí estaba Ángel, con su sonrisa habitual, más luminosa aún si cabe. A su lado, su mujer, a la que Brianne no conocía.

—Hombreee, ¡cuánto tiempo! ¡La pequeña Brianne! Dichosos los ojos... ¿Cómo tú por aquí? ¿Ya has terminado de conquistar el mundo? Espero que hayas dejado algo para los demás.

—Hola, Ángel, ¡qué alegría verte! Según me cuentan eres tú quien está conquistando el mundo, ¡al menos Originia!

—Bueno, bueno, seguramente nada comparado con lo tuyo. ¿Cuántos éxitos has cosechado ya?

—De momento tres pequeños grandes éxitos llamados Nicolás, Alexander y Maimie. Para el resto digamos que estoy preparando y abonando el terreno.

Brianne sonrió orgullosa recordando a sus tres hijos y a Néstor. Eran, desde luego, tres grandes éxitos fruto de su fertilidad, que a partir de ahora sentía crecer por momentos en su interior. De alguna manera también sintió que estaba empezando a plantar nuevas semillas, esas que dentro de un tiempo le darían los frutos deseados. No llegarían de manera inmediata, debería tener paciencia, igual que la tuvo durante sus tres gestaciones. Nada más y nada menos que nueve meses para que naciera cada uno de sus hijos. Y ese tiempo de espera fue precioso, lo disfrutó muchísimo cuidándose y cui-dándolos para que nacieran sanos, sin-tiendo en su interior cómo se iban de-sarrollando hasta hacerse una realidad visible.

Eso mismo es lo que Brianne estaba sintiendo ahora, que algo se gestaba en su interior, algo que crecía poco a poco, que era real aunque aún no lo pudiera ver. ¡Estaba tan feliz...!

—Estás igual, Brianne, con esos ojos llenos de vida y de ilusión.

—¡Qué va, Ángel! Más arrugas, más canas... ¡y muchos más kilos! ¡Tú sí que estás igual!

—¡Yo estoy mejor!

>>**Hace poco aprendí que no es cuestión de añadir años a la vida, ¡sino de añadir vida a los años!**

>>Y ahora Marga y yo ¡tenemos mucha vida!

Ángel le presentó a su mujer. Por su delgadez, se nota-ba que había estado enferma, ¡pero rebosaba tanta alegría y tanto amor por Ángel! Se les veía felices. Se fijó en la cicatriz que tenía Marga en el pecho y que parecía lucir orgullosa con un gran escote. No trataba de esconderla, ¡todo lo contrario! Y no era para menos.

**Esa cicatriz era la muestra de su fragilidad y vulnerabilidad, pero a la vez de su fortaleza y capacidad de superación para cerrar las heridas y seguir adelante.**

Igual que las arrugas y las canas de Brianne o los arañazos y abolladuras del Ferrari, que no eran más que huellas y señales de su gran hazaña interior, el testimonio de su crecimiento personal y de su camino hacia su mejor versión.

## 25

## Todo ocurre por y para algo

—Venid por aquí, que os «encajo» en uno de los salones más especiales. Aquí han celebrado éxitos personas muy importantes. ¡Como vosotros!

—Bueno, en realidad no celebramos nada, solo es un pequeño reencuentro entre amigos después de muchos años.

—¿Y no crees que eso es digno de celebración? ¡Menudo éxito poder veros todos de nuevo! En la vida hay que celebrarlo todo, incluso las pequeñas cosas. Cada día nuevo es un triunfo que hay que festejar. Yo lo sé ahora, porque estuve a punto de morir. Seguir viva cada día me parece un milagro, agradezco cada instante como un regalo. La vida es corta, Brianne, no la des por hecho.

—Marga, tienes razón, ¡cuánto me alegro de que estés bien!

—¡Yo también! Pero ¿sabes qué? Si no llega a ser por esa maldita enfermedad, ahora no sería tan feliz ni sabría apreciar cada instante. Cuando miro a Ángel no puedo sentirme más afortunada, y cuando veo lo que hemos creado juntos con tanto esfuerzo y cariño, ¡aún más! La gente viene aquí a reunirse, a celebrar la vida. No puedo pensar en un motivo mejor para vivir.

Brianne se alegró de corazón, y pensó que era una gran mujer con mucha fortaleza y ganas de ofrecer algo a los demás, de servirlos...

—Hay que dar gracias por todo lo que nos sucede, sobre todo lo malo. Todo ocurre por algo... ¡para algo! Y si sabemos utilizarlo, siempre es para bien, para conseguir algo mejor. Simplemente, hay que dejar que la vida nos dé lo que necesitamos sin cuestionarlo, sin exigir nada diferente, sin quejarnos o pensar que es injusto. ¡Nada más lejos de la realidad!

Brianne se quedó pensativa. Si Marga no se lamentaba de su grave enfermedad, era ridículo que ella se quejara por haber pasado tantos años al lado de alguien que no la quería y que la retenía a su lado con mentiras. Si nada ocurría en vano o de manera aleatoria, como decía Marga, ¡tenía que tener un sentido! ¡Había ocurrido por algo, para algo! ¿Qué tenía que aprender de ello? ¿Cómo lo podía utilizar para mejorar su vida?

**De ella dependía que eso fuera una lección o solo un fracaso o una derrota. Si conseguía salir fortalecida, todo habría valido la pena.**

—Como cuando mamá y papá nos castigaban, Bri, ¿recuerdas? ¡Pensábamos que era injusto y que lo hacían para fastidiarnos! Y lo único que querían era que aprendiéramos la lección.

—¡Es verdad! A mí me pasa con mis hijos, a veces no entienden que el castigo es por su bien, para corregir un hábito perjudicial para ellos o para los demás. ¡Tiene toda la lógica!

Ángel ya se había ido con Dante hacia la mesa. Brianne y Maya seguían charlando con Marga, hasta que alguien muy especial para Brianne se acercó a buscarlas.

—Pero ¿qué pasa? ¿Acaso no tenéis ganas de ver a vuestros amigos?

¡Dios mío! Era Gala, ¡su mejor amiga de la infancia! Estaba estupenda. Se dieron un superabrazo, mirándose de arriba abajo con una sonrisa enorme. Brianne no cabía en sí de alegría.

—Venga, no perdáis tiempo, ¡id a la mesa con el resto!

—Gracias, Marga, me alegro muchísimo de haberte conocido, eres una persona ejemplar de la que hay mucho que aprender.

—Todos tenemos mucho que ofrecer, Brianne, a mí me han hablado maravillas de ti, ¡seguro que tú también le estás dando mucho a otros!

Brianne se quedó extrañada y algo incómoda. En realidad, no sentía que ella estuviera dando nada a los demás... ¡no todavía! Notaba que eso que crecía en su interior no sería solo para ella. Aún ignoraba lo que era, pero por alguna razón sabía que sería algo grande, algo importante.

—Brianne, ¡qué guapa sigues!

—Gracias, Gala, ¡tú estás preciosa! Ahora me cuentas, no sé nada de ti.

—¡Uf! ¡Ni te imaginas! Ven a ver a los demás, ¡te están esperando!

Al llegar a la mesa, Brianne no pudo evitar soltar unas lágrimas. Estaba profundamente emocionada. Allí estaban todos y, de pronto, recordó de golpe los mejores momentos de su infancia con ellos, cuando no tenían problemas, cuando todo era fácil, cuando lo único que había que hacer era divertirse.

—¡Chicos, qué alegría! ¡No me lo puedo creer!

Todo eran risas, besos y abrazos. Recordó lo feliz que era de pequeña, pero, paradójicamente, por cómo la miraban llenos de orgullo, fue la primera vez desde hacía mucho tiempo que no se sentía pequeña ni avergonzada, sino valiosa y grande. Parecían muy felices de tenerla de nuevo con ellos, y ella se sintió muy querida y aceptada. Era una sensación muy placentera y satisfactoria, como de alivio, como cuando bebes al sentirte sediento, o descansas después de una larga caminata. Era extraño pero maravilloso. Estaba en casa.

Ya había comida en la mesa, habían encargado cosas de picar para todos para no entretenerse pidiendo. Habían reservado un sitio especial para Brianne, entre Gala, su mejor amiga de la infancia, y David, su eterno enamorado. ¡No podría tener un sitio mejor!

Enfrente de ella estaba Álvaro, su «rival» en el colegio, que tenía a su izquierda a Dante, el flamante papá. ¿Y quién estaba a su derecha? Ni más ni menos que Corinne, ¡su profesora de arte! Brianne y ella estaban muy unidas y en cuanto se enteró de que Brianne estaría en la ciudad, ¡no dudó en apuntarse a la cena! Estaba ya muy mayor, jubilada pero aún con esa jovialidad que la caracterizaba. ¿Qué estaría haciendo ahora?

En las cabeceras de la mesa se pusieron Maya y Marina, la chica gordita del colegio ¡que ahora estaba espectacular! ¿Cómo lo habría conseguido? Brianne no paraba de mirarlos a todos. ¡Estaban tan distintos pero tan iguales! Les iba a faltar tiempo para ponerse al día.

Al terminar los saludos y abrazos, y cuando ya todos estuvieron calmados en su sitio, propusieron que uno a uno fueran contando su vida desde que dejaron el colegio. El primero en contar su historia fue Dante, ¡cómo no! Parecía irle bien a pesar de que siempre se saltaba las clases inventándose mil excusas. Pero se las arreglaba para no repetir curso, para que le dejaran hacer otra vez un examen o lo que fuera. ¡Era un chico con recursos! Aun así, Brianne siempre pensó que no llegaría a ningún lado. Alguien que no se esforzaba lo suficiente ni sacaba buenas notas no conseguiría nada en la vida, al menos así se lo habían hecho creer sus padres. Pero mira tú por donde, ¡le iba muy bien! ¡Era jugador profesional de póquer! ¿Acaso eso era una profesión? Todos se miraron estupefactos, con caras a medio camino entre la sorpresa y la admiración cuando lo dijo.

—Sí, y además estoy casado, ¡y con un bebé de un año!

Brianne no tardó en intervenir, sentía mucha curiosidad.

—¡Enhorabuena, Dante, se te cae la baba! Y lo de jugador de póquer no me lo esperaba, ¡la verdad! ¡Jugador de póquer! ¿Cómo es eso?

—Pues juego al póquer y gano dinero haciéndolo, ¡ja, ja, ja!

—Pero eso no es un trabajo, ¿no? Y no es muy seguro o estable.

—¡Qué va! Depende de cómo te lo montes, es una profesión en toda regla. Mira, el secreto del éxito es ir de fracaso en fracaso con entusiasmo, sin rendirse, y retirarse del juego antes de tiempo. Es cuestión de probabilidad ¡y de confianza! Todos tenemos malas manos y malas rachas, ¡sobre todo los jugadores de póquer! Hay partidas e incluso temporadas en las que siempre pierdo y no sé por qué, ya que conozco bien el juego, he estudiado a mis oponentes, tengo una buena estrategia... Pero ni se me pasa por la cabeza abandonar, ¡todo lo contrario! Soy constante y sigo ahí con el ánimo bien alto y con los cinco sentidos alerta para dar lo mejor de mí. Antes o después, esa mano o esa buena racha llega, y las ganancias compensan con creces todas las pérdidas anteriores. ¡No hay más!

**»La clave es confiar en ti, en tu nivel de juego, saber que estás preparado y que eres capaz de ganar. ¡Y ganarás!**

—¡Uf! Entiendo que no mucha gente tiene el temple necesario para aguantar ahí derrota tras derrota sin rendirse ni abandonar.

—Exacto, y es una pena, porque muchas veces se retiran justo antes de que llegue esa buena racha. Creen que haber perdido muchas veces en el pasado significa que lo seguirán haciendo en el futuro, y eso los condiciona. Dejan de tener esperanza y abandonan.

Brianne se acordó de la cabra y de cómo pensaba que no podría romper la cuerda por no haberla podido romper en el pasado. Brianne entendió que ella había estado haciendo lo mismo, pensando que no podía cambiar su futuro, que era inevitable porque la historia se había repetido ya muchas veces, ¡igual que esos jugadores de póquer! Había dejado que su pasado se apoderara de su futuro, sin dejar un atisbo de esperanza para que pudiera cambiarlo desde su presente.

Pero gracias a este viaje, Brianne había cambiado. Estaba aprendiendo cosas nuevas, transformando su modo de pensar, ¡ampliando su mapa mental! Cada vez se sentía más capaz de ir por otro camino cambiando su destino, creando uno a su medida. Se dio cuenta de que solo ella era la arquitecta de su futuro, ¡y no de su pasado! Ahora entendía bien las palabras de Alfredo cuando le advirtió que mirar atrás por el retrovisor no iba a predecir lo que iba a encontrarse delante, ¡solo iba a evitar descubrir nuevos y emocionantes caminos!

## 26

## Eres lo que piensas

Brianne imaginaba un nuevo futuro mientras Dante seguía explicando cómo, además, minimizaba el riesgo económico en cada partida.

—Y no creáis que invierto lo que no tengo o que dependo de mi éxito en los torneos. ¡Todo lo contrario! Jugar al póquer se me da bien, tan bien que tengo patrocinadores que pagan mi inscripción en torneos internacionales a cambio de la promoción de su marca o de comentar las partidas y jugadas en programas de televisión, revistas especializadas o eventos en línea. Y eso no es todo, tengo mi propia academia de póquer ¡con miles de alumnos! Soy toda una celebridad en este mundillo que me encanta.

—¡No me digas! Es increíble que puedas vivir de eso.

—Y además muy bien, la verdad. Yo solo he aprovechado lo que mejor sé hacer, me gusta y que encima da dinero. ¡No hay mucho secreto!

—¡Dicho así parece fácil!

—Pues sí, todos somos buenos en algo, ¿no? ¡Hasta yo! Todos pensaban que no valía para nada y mírame ahora.

Brianne se sonrojó al reconocer que ella había sido una

de esas personas que pensó que no tendría un futuro y que acabaría en cualquier lugar aceptando trabajos miserables.

**—Únicamente se trata de saber en qué eres bueno y qué harías aunque no te pagaran porque es tu pasión, y encontrar la manera de poner eso al servicio de los demás.**

»Si lo haces, ¡el dinero llega solo! Hay miles de personas que desean aprender a jugar al póquer y yo puedo enseñarles, y otras muchas desean ofrecer contenidos profesionales de póquer porque está de moda. ¡Yo solo tengo que hacer lo que me gusta y me pagan por ello!

—¡Qué bien suena! Pero estarás siempre de un lado para otro jugando torneos internacionales y ahora con el bebé...

—Bueno, siempre es cuestión de prioridades. Yo antes quería viajar, conocer mundo, divertirme... Y el póquer me lo proporcionaba. Siempre me han gustado mucho la noche y la fiesta, ¡era perfecto! Hasta que conocí a mi mujer en un torneo en las Vegas. Ella era una de las organizadoras y ya ves... ¡Nos casamos enseguida! Y ahora tenemos un bebé. Como quiero pasar más tiempo con ellos, mis partidas son casi todas en línea, ahora eso se lleva mucho, y fue cuando se quedó embarazada que decidí abrir mi academia a distancia para pasar más tiempo en casa, aquí, en Originia. ¡Y gracias a eso he duplicado mis ingresos! Casarme y formar una familia no solo no ha terminado con mi carrera, sino que la ha potenciado. Prioridades, Brianne, lo más importante siempre debe ser lo más importante, y solo tenemos que construir alrededor de eso, ¡hay mil maneras!

Brianne estaba asombrada. El menos espabilado de la clase parecía ser ahora el más listo, se ganaba muy bien la vida disfrutando con su trabajo, era feliz y no había renunciado a nada. Brianne se sintió un poco absurda por haber estudiado tanto, haber trabajado tanto para, al final, terminar sin nada, sola, perdida y confusa. ¡Se había complicado demasiado siguiendo los sueños de otro!

—¿Y tú, Álvaro? ¡Cuéntanos!

—Pues verás, Maya, mi vida no es tan impresionante como la de Dante, ¡pero no me quejo! De hecho, soy el director financiero de una gran multinacional. Siempre me han encantado los números, como todos sabéis, ¡y ahora me paso el día rodeado de ellos! Llegar ahí no ha sido fácil, al contrario, he pasado muchos años trabajando día y noche en un despacho sin ventana, solucionando todos los marrones de la empresa. Pero ha merecido la pena. Ahora estoy en el comité directivo y disfruto mucho cuando voy a navegar y a jugar al golf con clientes y socios, o cuando viajo por el mundo para dar conferencias y para formarme.

—¿Y de amores? ¡Cuéntanos!

—¡Uf! Bueno, de amores pocos. Digamos que aún no he encontrado al amor de mi vida, ¡no sé si el amor está hecho para mí! Tengo poco tiempo y estoy todo el día ocupado con el trabajo o viajando... De todas maneras, hasta que llegue la adecuada ¡disfruto con la equivocada! ¡Ja, ja, ja! Mujeres no me faltan.

—¡No lo dudo! Un hombre guapo, solvente, inteligente... Tendrás poco tiempo para estar solo.

—La verdad es que sí, pero ya sabéis que no hay peor soledad que estar con la persona inadecuada. Siempre estoy rodeado de gente, pero la mayor parte del tiempo me siento solo.

A Brianne eso le resultó muy familiar. Nunca se había sentido más sola que con Óscar. Pero, por otro lado, se alegró de no haber terminado como Álvaro, cosa que habría sido muy probable visto el rumbo que llevaba de no haber conocido a Óscar y formado en una familia.

—Ahora que estamos entre amigos de confianza, debo reconocer que cada vez echo más de menos tener a alguien especial con quien intimar, conectar de verdad, contarle mis preocupaciones, tener su apoyo... Y quizá formar una familia, no sé si me entendéis.

David no tardó en contestar a Álvaro.

—¡Claro que te entendemos! Siempre hay alguien hecho a nuestra medida, de eso no te quepa duda. Lo que pasa es que solo lo encontramos cuando nos damos esa oportunidad, cuando estamos dispuestos a verlo.

—¿A qué te refieres, David?

—Pues a que si llenas tu vida y pones toda tu atención en otras cosas y personas, no verás a esa persona que está hecha especialmente para ti por mucho que se pasee una y otra vez delante de tus ojos.

—¡Eso es! Un amigo una vez me dijo que los ojos no ven lo que la mente no quiere ver.

—Exacto, Brianne. Mira, tú sabes y no es ningún secreto que me pasé toda nuestra infancia y adolescencia enamorado de ti.

Brianne se sonrojó de nuevo. ¡Lo estaba diciendo delante de todos!

—Te tenía siempre en el pensamiento, intentaba una y otra vez gustarte, pero nada, y aun así, no me rendía. Lo peor de todo era que no veía a otras chicas fantásticas que podían gustarme y a las que yo gustaba porque no me permitía ni siquiera pensar en eso. ¡Y no las veía! Me costó mucho darme cuenta de eso. Seguí enamorado de ti incluso años después de irte de Originia, pensé que jamás iba a encontrar a nadie por quien sintiera algo ni remotamente parecido a lo que sentía por ti ¡y lo pasé fatal! Estaba todo el día deprimido pensando que no volvería a verte, que jamás me querría nadie ni encontraría el amor y cuando me dijeron que te habías casado y que ibas a tener un hijo... toqué fondo.

—David, lo siento, no sabía nada de eso.

—No te preocupes, Bri. Eso fue precisamente lo que me hizo acudir a terapia, y así descubrí algo esencial, una lección que me cambió la vida.

**»Te conviertes en lo que piensas la mayoría
del tiempo, nuestros sentimientos
y emociones están determinados
por nuestros pensamientos,
somos el resultado de la historia
que nos contamos a nosotros mismos.**

»Y la historia que yo me estaba contando era muy triste. Y, por tanto, todo lo que veía era triste: mi trabajo, mis amistades, las chicas que conocía...

—Explícate, David. ¿Qué pasó después?

—Como os digo, me estaba contando una historia muy negativa que teñía de negatividad todo lo demás, una historia donde yo era la víctima pasiva y las cosas «me» sucedían, donde yo no era el héroe activo que hacía que otras diferentes y mejores sucedieran. Cuando comprendí que mi sufrimiento se debía a esa historia egoísta que me estaba contando y que los resultados que obtenía eran consecuencia de ella, simplemente decidí cambiar la historia y contarme otra más bonita, otra que me hiciera sentir como yo quería y conseguir lo que yo deseara.

—¿Se trataba entonces de tu propio diálogo interno?

—En efecto, nuestro diálogo interno, lo que nos decimos acerca de lo que nos sucede, es lo que determina cómo nos sentimos. Cambié mi manera de pensar de manera consciente. Al principio me costó un poco y era forzado, tenía que convencerme de que era verdad eso que me estaba diciendo. Pero, aunque pasaban los días y nadie aparecía, en mi historia, el protagonista que era yo encontraría a la persona perfecta para él cuando llegara el momento adecuado, ¡y así fue!

—¡¿Sí?! Ay, David, ¡qué historia tan bonita! ¡La de tu vida y la que te contaste!

—¡Es la misma, Brianne! Nosotros escribimos nuestra propia historia, hacemos que las cosas sucedan, no nos suceden. ¡Somos los arquitectos de nuestra propia vida!

—¿Y quién es la afortunada, David?

—¡Pues aquí la tenéis!

David se giró y besó a Marina. ¡Todos se quedaron pasmados! ¡Marina!

## 27

## Centrarse en el presente

Habían ido todos juntos a clase desde pequeños, y David jamás se había fijado en ella. Bueno, ni él ni nadie. Los niños son muy crueles y Marina no era lo que se dice agraciada físicamente en ese momento. Soportó las burlas y mofas de sus compañeros desde muy niña.

—Coincidimos en la sala de espera de la terapeuta. Vaya casualidad, ¿no? Cuando vi a David creí morirme de la vergüenza. Intenté que no me viera, pero eso era imposible, ¡yo era enorme! ¡Ja, ja, ja! Nunca he tenido muchos sitios donde esconderme. Me había convertido en una chica solitaria y sin autoestima y mis problemas de sobrepeso me llevaron a desarrollar aún más adicción por la comida. Un círculo vicioso del cual no podía salir sin ayuda y que estaba acabando conmigo.

—Pues yo cuando te vi te encontré preciosa, la verdad. No hay más que ver tus ojos, tu pelo, tu corazón... Siempre fuiste una chica fantástica y ni me había fijado. Brianne me tenía obnubilado, ¡ja, ja, ja!

—Ahora va a ser culpa mía, ¡ja, ja, ja! Siempre te dije que yo no era para ti, no estábamos hechos el uno para el otro.

—Lo sé, Brianne, pero yo me convencía de lo contrario y mira, nunca vi a esta maravilla en clase.

—¿Y cómo lograste perder tanto peso? ¿Te puso alguna dieta?

—¡Qué va, ninguna! Cuánto le debemos a esa terapeuta, ¿verdad, David? Sencillamente me enseñó a quererme, a no autosabotearme, a liberarme de las expectativas propias y ajenas sobre mi aspecto físico, a conectar conmigo misma y lo que me hacía feliz.

**»Aprendí a no exigirme tanto, a no castigarme, a hablarme como a alguien a quien quisiera. A veces somos los que peor nos tratamos.**

—¡Cambiaste tu diálogo interno!

—Exacto, empecé a usar una narrativa de poder en mi propia historia, a ser yo sin pedir permiso a nadie. Y como por arte de magia, poco a poco dejé de permitir que la comida fuera el centro de mi vida, dejé de usarla para premiarme cuanto estaba triste, para castigarme cuando no lograba lo que quería o para consolarme cuando tenía alguna decepción. Simplemente conseguí no sentirme triste, decepcionada o culpable, y entonces ya no necesitaba la comida para paliar eso. Se convirtió en algo que utilizaba para cuidarme, para nutrirme, para disfrutar en el momento adecuado. Mi relación con la comida cambió, aprendí a seleccionar aquello que me hacía bien y ahora hasta tenemos nuestro propio huerto ecológico, ¿verdad, David? Empecé a comer con consciencia y pasé de la victimización a la transformación. Así de fácil y de difícil a la vez.

Brianne pensó que algo parecido le había ocurrido a ella. Había ganado nada más y nada menos que veinte kilos y no por hambre o por no saber qué le convenía comer, sino por todas esas cosas que había comentado Marina. Empezó a engordar poco después de nacer Maimie, cuando descubrió la primera infidelidad de Óscar y justo tras haber recuperado su peso habitual de antes del embarazo.

El sentimiento de rechazo, humillación, descarte y abandono la llevaron a alimentar su baja autoestima con comida, por lo general poco sana, en un intento inconsciente de dañarse a sí misma, de castigarse por no ser suficiente para Óscar ni para sí misma. Recordó que comía a escondidas de forma compulsiva, cebándose hasta no poder más y durmiendo todo el día para olvidar, para no sentir, para no vivir. El no mirarse en el espejo para no verse no ayudó en absoluto, y tampoco los *leggins* elásticos que comenzó a usar para estar cómoda por casa y que aguantaban hasta cuatro tallas más sin que ella se diera cuenta.

Se sintió mal, pero por otro lado se dio cuenta de que, si Marina había conseguido estar en su peso después de tantos años de obesidad, ella también podría.

—¿Ah, sí? ¿Y cómo conseguiste todo eso? No creo que sea nada fácil.

—No lo es si no sabes cómo hacerlo. En realidad, es sencillo. Solo tienes que enfocar tu atención en el momento presente y en conectar contigo misma.

—No entiendo, Marina, ¿cómo va a resolver eso tus problemas?

—Bueno, cuando estás contigo misma en el ahora no puede haber nada negativo.

**»Si sientes depresión o tristeza, es que estás viviendo en el pasado, y si sientes ansiedad, en el futuro. Pero en el presente no hay problemas, es solo un instante, no necesitas nada salvo respirar.**

»Y cuando te centras solo en tu respiración durante unos minutos, algo mágico sucede: mejoras el conocimiento de ti misma, eres más consciente de quién y cómo eres, reconoces mejor tus emociones... y todo eso te ayuda a gestionarlas y a apartar las emociones negativas. Aprendí a identificar a qué se debían mis ganas de comer y, si no era hambre real, sino necesidad de saciar otra cosa como el aburrimiento o la tristeza, trataba de sustituir la comida por otro tipo de recompensa, como un paseo, una llamada a una amiga, dibujar...

—Eso es lo del *mindfulness* ese que está tan de moda ahora, ¿no?

—Sí, Álvaro, ¡y a ti te vendría muy bien! Te ayudaría a librarte del estrés reduciendo el cortisol que generas y consiguiendo la calma, la serenidad y la claridad mental que necesitas. ¡Seguro que así encuentras pareja! ¡Ja, ja, ja!

—Uf, meditación, yo no soy de esas cosas. Además, no tengo tiempo, ¡estoy muy ocupado!

—Es esencial dedicar media hora al día a la meditación, salvo cuando estás muy ocupado, ¡entonces debes dedicar una hora entera!

—¡Doy fe! Yo dedico unos minutos a la meditación antes de cada torneo de póquer, y me consta que muchos deportistas también lo hacen antes de los partidos. Mejora la capacidad de concentración, te ayuda a mantener alejadas las distracciones... Básicamente entrenas tu capacidad de enfocarte en lo que estás haciendo para ser más productivo y eficiente, sin dejar que tus problemas o preocupaciones interfieran. ¡Es fantástico! Digamos que las partidas, en realidad, se ganan antes de empezar.

—Tienes mucha razón, Dante, igual que las carreras, las dietas o la vida misma. El éxito solo es el resultado de una preparación previa, de la planificación, concentración y aplicación de una estrategia acertada y libre de condicionamientos.

David cogió de la mano de Marina, orgulloso. ¡Aprendía tanto de ella!

—Ahora es profesora de *mindfulness*, ¿sabéis? La única de Originia. Ha abierto una sala de meditación especializada y está ayudando a mucha gente.

—Bueno, además de la terapia y el *mindfulness*, David fue fundamental en mi transformación. Empezamos a hacer cosas juntos, al principio como amigos: viajar, ir al cine, senderismo... Y ya casi no tenía tiempo de autocompadecerme, ¡ni de comer! Empecé a gustarme, primero a través de los ojos de David, que me miraba como si fuera lo más bonito del mundo, y después también a través de los míos. Me apetecía verme bien, sentirme cómoda, comer sano y hacer algo de ejercicio para estar en forma y poder hacer todo eso que nos gustaba tanto a los dos. No quería que mi propio cuerpo me impidiera disfrutar de la vida a tope, así que empecé a entrenar un poco cada día para seguir haciendo todo eso con David. ¡Y miradme ahora!

—Desde luego, ¡vaya cambio!

—El mayor cambio está por dentro, pero se ve por fuera. Ahora tenemos cuatro hijos, ¿os lo podéis creer? Y tengo que estar atenta para no perder demasiado peso porque si no, ¡no podré seguir el ritmo de esas cuatro fieras! Necesitan una madre fuerte y sana y a mí me encanta jugar con ellos.

Brianne pensó que eso era lo que también necesitaban sus hijos: una madre fuerte y sana, feliz, capaz de valerse por sí misma y llena de ilusión y energía para conseguir todo lo que se propusiera. Ese era el mejor ejemplo que les podía dar, lo que a partir de ahora les podía aportar para que ellos mismos aprendieran a buscar su propio camino, un camino sin límites, sin imposiciones y sin imposibles.

—Es fantástico, chicos, ¡cuánto me alegro! —intervino Corinne—. No os acordaréis, pero cuando estabais en mi clase de arte, siempre os sentabais juntos. Formabais una pareja perfecta, pero cada uno miraba para otro lado.

—Sí, ¡me acuerdo!! Yo no dejaba de mirar a Brianne, era lo único que veía.

—Y yo no dejaba de mirar para abajo pensando que nadie me quería ver a mí.

—¡Vaya dos tontos! ¡Ja, ja, ja! Los dos os sentíais rechazados y poco valiosos, y no os dabais cuenta de que os podíais tener el uno al otro. ¡No os veíais!

—Tiene toda la razón, Corinne. Y díganos, ¿qué hace ahora? Se jubiló hace años, ¿verdad?

—Sí, poco después de que dejarais el colegio. Si os cuento lo que hago ahora no os lo creeréis. ¡Casi no me lo creo ni yo! Me ocurrió algo terrible, pero la verdad es que eso por lo que hace tiempo lloraba ahora me hace reír y lo agradezco tanto...

—¡Cuente, cuente! ¿Qué le pasó?

## 28

# La ganancia de la pérdida

Corinne comenzó su relato.

—Pues bien, durante muchos años había planificado y ahorrado para mi jubilación. Tenía el sueño de construir una casita al lado de un lago donde instalar mi taller para poder seguir pintando, y convertirla a su vez en refugio de animales. Como sabéis no pude tener hijos, ¡y ser profesora había suplido hasta entonces esa carencia! Os quería a todos mis alumnos como a mis propios hijos.

—Así es, Corinne, ¡yo recuerdo el cariño con el que nos trataba! Creo que mi amor por el arte es gracias a usted, por la pasión y el amor con el que nos enseñaba.

—Gracias, Brianne, ¡luego me cuentas si sigues pintando! Lo hacías tan bien... ¡Eras una alumna aventajada!

Brianne sintió una pequeña punzada en el corazón. La verdad es que no había vuelto a pintar, era una de sus pasiones y la tenía olvidada. Recordó, al escuchar y ver a Corinne, cuánto le gustaba el arte y lo feliz que le hacía pintar, ver exposiciones, leer sobre pintores. ¡Tenía que retomarlo! Y también la escritura, de la que solía disfrutar muchísimo y la llenaba de satisfacción. Sin duda, las volvería a incluir en su vida. Aún no sabía si como *hobby* o como parte de una nueva profesión, ¡todo era posible a partir de ahora! Lo que sí sabía es que quería explorar más sus talentos y aplicar sus dones, como había dicho Dante. Ella era buena en muchas cosas, que además le gustaban mucho, ¿por qué no intentar vivir de ello?

—Bueno, pues como os contaba, mi idea era construir un refugio y dar todo ese amor maternal a los animales, puesto que ya no tendría alumnos a quienes dárselo. Así que compré un terreno no lejos de aquí, al lado de un lago, a una empresa que también se encargaría de la construcción de la casa con la que había soñado tantos años. Mi sueño suponía invertir todo lo que había ahorrado durante una vida entera enseñando, pero merecía la pena. Por desgracia, esa empresa desapareció en cuanto les entregué mi dinero. Era una estafa, me engañaron, y no había manera  de localizarlos ni reclamar nada. Los papeles que había firmado eran falsos y ni el terreno era mío, ni mucho menos nadie iba a construir mi casa allí. Simplemente, me robaron todo lo que tenía. ¡Fui una ingenua!

Brianne se acordó en ese momento de Óscar, de cómo le había hecho creer que la quería, que tenían una vida perfecta, y de cómo ella le había entregado todo lo que tenía porque creía que estaban construyendo algo juntos. Ella también había sido víctima de un fraude por su ingenuidad.

—Cuánto lo siento, Corinne. Puedo entender muy bien cómo se sintió, llena de indignación por semejante injusticia. Seguramente en lo único que pensaba era en la venganza. ¿Pudo encontrarlos?

—Qué va, Brianne, deja que continúe la historia. Como bien dices, en aquel momento me sentí devastada y miserable: sin dinero, con sesenta y cinco años y sin trabajo, sin posibilidad de recuperar el fruto de tantos años de esfuerzo y sobre todo avergonzada por haber sido tan tonta. Pasé meses gastando mi pequeña pensión en abogados, centrando mis esfuerzos en intentar localizarlos y recuperar algo del dinero o, al menos, conseguir que pagaran por ello y no estafaran a más gente. Pero fue imposible.

—¿Y qué hizo? ¡Nos tiene en ascuas!

—Me tuve que quedar en casa de unos amigos durante un tiempo, ya que mi pensión no me permitía pagar un alquiler y los gastos de abogados que estaba teniendo. Me sentía incómoda por ser una carga para ellos, además de una inútil y un estorbo. La sensación de impotencia y frustración por no encontrar a esa gente y conseguir que se hiciera justicia me deprimía cada vez más. Sentía hostilidad y desesperanza, no hacía más que intentar recuperar lo perdido y solo conseguía sentirme cada vez peor por odiar a esa gente, sin fuerza, sin serenidad y sin energía.

—Dicen que odiar a alguien es como tomar veneno y esperar a que se muera esa persona que odiamos. No me extraña que se sintiera mal. El odio, el rencor y todas esas emociones solo nos hacen daño a nosotros mismos. Yo me sentía así cuando todos me criticaban por mi aspecto, me enfocaba más en lamentarme y echarles la culpa de mi malestar que en tratar de cuidarme y sentirme mejor.

## »Es un error centrarnos en evitar lo que tememos en lugar de en conseguir lo que queremos.

—Eso es, Marina, no me daba cuenta de que concentrar mi energía en tratar de vengarme o hacer justicia solo me estaba hundiendo más y me estaba impidiendo ver la posibilidad de empezar a construir algo nuevo. Mi frustración, transformada después en desprecio por esa gente, me estaba convirtiendo en una persona apática sin ganas de nada, me estaba robando la vitalidad física y la fortaleza espiritual que necesitaba para ver que ese cambio o pérdida en realidad era un desafío, un reto, una oportunidad de mejorar lo que ya tenía.

Brianne se sintió muy identificada. Era justo eso lo que le había pasado con Óscar, pero había entendido que lo importante no era lo que le había sucedido, sino cómo ella decidiera vivirlo, el significado que le daba a todo lo ocurrido. Iba a comentarlo con el grupo, pero su hermana Maya se le adelantó, guiñándole un ojo.

—En realidad, toda pérdida implica una ganancia, siempre nos espera algo mejor y solo cuando perdonamos podemos verlo, ¿verdad, Brianne?

Brianne sonrió.

—¡Totalmente de acuerdo! El crecimiento y la mejora personal están fuera de nuestra zona de confort, que a menudo ni siquiera es tan cómoda como creemos, la verdad. Pero, por miedo, nos aferramos a lo conocido, a lo seguro, porque tenemos la certeza de que ahí no habrá cambios que nos pillen por sorpresa. Preferimos, como suele decirse, lo malo conocido que lo bueno por conocer, ¡y nos quedamos con lo malo! Hay que ver lo zoquetes y lo cobardes que somos los humanos. Por suerte, la vida a veces nos hace el favor y nos saca de ahí aunque sea a patadas. ¡Y eso hay que agradecerlo y no lamentarse!

—¡Cuánta razón, chicas!

**»No hay mal que por bien no venga, y en cuanto logré perdonar y, por tanto, dejar de enfocarme en la pérdida, comencé a ver nuevas oportunidades.**

»Fue un día viendo la televisión, en concreto un anuncio de una ONG que mostraba una comunidad en África, que vivían en casas de barro, sin nada que llevarse a la boca... Y pensé que, después de todo, en realidad era afortunada por vivir en Occidente, tener amigos que me ayudaran y, por supuesto, no me faltaba ningún plato de comida en la mesa. Pedían ayuda para ellos, cualquier tipo de donación económica, material, ayuda de voluntarios... Y ¿sabéis qué? ¡Que pensé que yo podía ayudar! Tenía la oportunidad de sacar lo mejor de mí misma gracias a eso «tan terrible» que me había ocurrido.

—¿¿¿Y te fuiste a África???

—Pues sí. Contacté con esa ONG y les ofrecí mi ayuda. Estaba en casa de mis amigos sin hacer absolutamente nada, perdiendo el tiempo, desperdiciando mi talento y sobre todo la posibilidad de ayudar a otra gente que lo necesitaba más que yo. Así que, en menos de dos meses, después de preparar todo el papeleo, me planté en África, en esa misma comunidad que pedía ayuda para salir adelante. Enseñé a las mujeres a pintar sobre seda para luego vender las telas en los mercados, ayudé en la construcción de casas africanas y, más tarde, de escuelas donde enseñé a los niños a dibujar sobre madera, sobre cerámica, a esculpir y modelar. Me quedé unos años viviendo allí con ellos, en esas mismas casas de barro sin paredes, pero que para mí eran mi verdadero hogar. Todos esos niños eran como mis hijos, me necesitaban. Nunca me había sentido tan feliz y tan plena. Mi vida tenía un propósito y, cuando creía que no podía ser mejor, llegó la guinda del pastel.

—¿Y qué fue? ¡Cuéntenos, Corinne!

—Pues veréis: a los dos años de estar allí con ellos, justo cuando terminamos la construcción de la primera escuela, llegó un profesor de matemáticas de Bolivia, más o menos de mi edad y voluntario como el resto. Bueno, generoso ¡y guapo! Y nos enamoramos... ¡Quién lo iba a decir, a mis sesenta y siete años!

—¡No hay edad para el amor, Corinne!

—Lo sé, Gala, prueba de ello es que hoy, a los setenta y cinco años, seguimos juntos.

—¿Y ya no vivís en África?

—¡Vivimos en todas partes! De hecho, me habéis pillado por casualidad aquí, en Originia. He venido a montar una exposición de las telas de seda pintadas por las mujeres africanas. ¡Su arte es muy apreciado! Así que ahora las ayudamos a venderlas por todo el mundo organizando mercados, ferias y exposiciones. Y cada seis meses vamos a una nueva comunidad, para hacer lo mismo. Y allí donde llegamos encontramos un hogar lleno de amor, donde nos reciben con los brazos abiertos y donde podemos dar lo mejor de nosotros recibiendo mucho más a cambio.

—¡Qué historia tan bonita! ¡Y todo porque la estafaron!

—¡Eso es! ¿Entendéis por qué estoy tan agradecida? No cambio una casa en el lago rodeada de gatos y perros por lo que tengo ahora. Jamás habría imaginado una vida así y, sin embargo, estoy disfrutando de la vida, del amor, haciendo lo que más me gusta, y rodeada siempre de un montón de niños y gente maravillosa. Y esa es mi historia.

—Gracias por compartirla, Corinne, sabía que era un ejemplo para seguir, pero ahora aún más. Si queréis, os cuento mi historia. Yo también sufrí una pérdida muy grande hace un par de años.

Gala fue la mejor amiga de Brianne en la infancia, mantuvieron contacto hasta que se separaron poco a poco después de formar cada una su familia. ¿Qué le habría pasado?

## 29

## Un cuento de superhéroes

—¿Qué pasó, Gala? ¿A ti también te robaron?

—En cierto modo sí. Perdí a mi marido...

—¿Se fue con otra?

—Ojalá. Mi marido murió de repente, fue atropellado por un coche en un paso de peatones. Ahora soy viuda.

Brianne se sintió fatal.

—Cuánto lo siento, Gala. ¿Y estás bien? ¿Has podido rehacer tu vida?

—Estoy bien, ¿no me veis? Y no he tenido que rehacer nada, Brianne, yo ya tenía una vida, solo que ahora ya no puedo compartirla con él. Yo nunca dejé de lado mis sueños y he seguido luchando por ellos en solitario. Ellos y mis hijos me han dado la fuerza para afrontar la pérdida. Entendí que llegó su momento y que tenía que ser capaz de seguir adelante sin él.

**»No hay que apegarse a nada ni a nadie, sino apreciar lo que tenemos en cada momento y aceptar que podemos perderlo.**

»La vida es cambio, Brianne, no hay nada que permanezca para siempre y no tenemos que lamentarnos por ello.

—Ya, pero, si no es fácil superar una traición, que yo sé de eso, no me quiero ni imaginar lo duro que debe de ser superar una pérdida, ¡y más si es tu media naranja!

—No era mi media naranja. Nadie lo es ni lo será porque yo ya soy una naranja completa, no soy la mitad de nada, soy una mujer completa. No necesito que nada ni nadie me complete, ¿entiendes? Solo yo puedo hacer eso cada día. Por supuesto hubo dolor, ¡y mucho! El dolor es inevitable, pero el sufrimiento es opcional. Sufres solo si tú decides hacerlo. Siempre hay mil excusas para sufrir y ninguna me parece válida, ni siquiera la muerte de un ser querido. El sufrimiento es una elección, igual que la felicidad.

—¿Quieres decir que la felicidad es algo que se elige?

—¡Por supuesto! Yo he elegido ser feliz, hay tantas cosas por hacer, tanta gente de la que disfrutar. Estoy muy ilusionada en una nueva relación con un hombre maravilloso que adora a mis hijos y del que estoy aprendiendo muchas cosas. Eso no quiere decir que haya olvidado a mi marido, pero yo sé que él querría verme feliz y lo soy, y quiero compartir esa felicidad con mi nueva pareja ahora que él ya no está. Hay que enfocarse en todo lo que podemos ganar, y no en lo que hemos perdido. ¿De qué valdría? Yo, al menos, prefiero recibir con alegría lo bueno que la vida me tiene preparado que quejarme por lo que me ha quitado.

—¡Eres una superviviente! Dicen que no eres lo que consigues, sino lo que superas, ¡y tú eres un ejemplo de ello!

—Gracias, chicos, vosotros también sois increíbles por haber superado tantas cosas y con tanta fortaleza, ¡vaya superhéroes estamos hechos! ¿Y tú, Brianne? ¿Qué nos cuentas? Tu hermana no ha querido decirnos nada y yo hace siglos que no sé nada de ti.

Había llegado su turno. Brianne se quedó pálida. Tenía que contar su historia. Y no es que no quisiera hacerlo, sino que no tenía claro cuál era. ¿La que se había contado durante tantos años? ¿La que había descubierto al darse cuenta, por fin, de los engaños de Óscar? ¿O la que se había empezado a contar desde que inició el viaje? ¿Cuál era la verdadera? ¿Alguna era real?

Después de escuchar a David, había entendido que la única realidad válida era la ella que misma decidiera contarse. Solo ella podía interpretar todo lo que había vivido y darle un significado para crear su historia. «Su» historia, «su» vida, de nadie más.

—Venga, Brianne, ¡cuéntanos cómo te ha ido!

Brianne no estaba segura de si le había ido bien o mal. Si le hubieran preguntado poco tiempo atrás, habría contestado con firmeza que le había ido mal, que era muy desgraciada, que había fracasado, que la habían engañado durante años, que había tratado de cumplir las expectativas de otros, que lo dejó todo por alguien que no merecía la pena y ahora no tenía nada, ¡no era nadie! Esa era la historia de una víctima, de alguien que cree que las cosas le pasan y no puede hacer nada para cambiarlas, alguien que cree que su felicidad depende de lo que hagan los demás.

Pero, después de escuchar las historias de superación de sus amigos, no lo tenía tan claro. Corinne había encontrado su propósito después de que le robaran todo; Ángel había resurgido de sus cenizas tras arruinarse; Marga había superado una grave y larga enfermedad y ahora disfrutaba cada segundo de vida; Gala había seguido adelante y encontrado de nuevo el amor tras el fallecimiento de su marido; Marina se había transformado en quien realmente era tras sabotearse durante años; David supo renunciar a su amor platónico para encontrar el verdadero e incluso Dante supo encontrar su camino cuando nadie apostaba por él.

Hubiera pasado lo que hubiera pasado, solo dependía de ella que fuera un mal recuerdo o una gran lección, ¡y ella había aprendido mucho! Había tenido la gran oportunidad de conocerse mejor y ver cosas de ella misma que de otra manera no habría visto. ¿No era eso fantástico? No había perdido nada, ¡se había ganado a ella misma!

Brianne no era una víctima en su historia, ¡sino la superheroína! La vida le había enviado a Óscar por algo,  ¡para algo! Había entendido que si la vida te da limones, depende de ti amargarte o hacer limonada. Y Brianne prefería hacer limonada, ¡la mejor limonada!

Así que en ese momento se sintió con fuerza para contarse esa historia y, de paso, contársela a sus amigos. Era una historia de superación, un relato que daba sentido a todo lo vivido y que le impulsaba seguir adelante con más pasión, más fuerza y más alegría que nunca.

—Pues veréis, ¡me ha ido de maravilla! La verdad es que no me puedo quejar.

—Doy fe, ¡te he visto llegar en un Ferrari!

—Así es, Dante, y precisamente esa es la historia que os voy a contar: la de mi Ferrari.

Todos se miraron extrañados y a la vez expectantes. Y Brianne comenzó a hablar.

—Pues veréis. Ese flamante y precioso Ferrari rojo, con un motor de una potencia espectacular, se ha pasado años ninguneado y abandonado por sus dueños encerrado en un garaje, tantos que había llegado a creer que ese era su lugar, que no tenía ningún sitio donde ir. Estaba convencido de que ese garaje, a pesar de su frialdad y su oscuridad, era el lugar más seguro para él: ahí no sufriría ningún accidente, no se mojaría con la lluvia ni saldría dañado a consecuencia de conductas temerarias de otros conductores. Además, pensaba que era viejo, que su belleza había desaparecido a consecuencia de esa capa de polvo que se acumulaba en su carrocería tras años oculto en su cueva y suponía que su motor no funcionaría ni alcanzaría la velocidad a la que llegaba cuando era joven y nuevo.

—Ya, pero, Brianne, una buena limpieza y puesta a punto lo dejarían como nuevo. ¡Un Ferrari es un Ferrari! Nunca pierde sus capacidades.

—Eso es, David; además, ¿de qué sirve tener un Ferrari en un garaje? ¡Sería como no tenerlo! Vaya desperdicio.

—Exacto, Álvaro, no sirve absolutamente de nada. Pero eso él no lo sabía. Se había pasado tantos años escondido sin ser visto y sin ponerse a prueba que creía que ya no valía para nada, que era solo chatarra. Supuso que era solo eso, un Ferrari en un garaje.

—¿Y qué pasó, Brianne? ¡Cuenta!

—Pues que un día, harto de esperar que alguien lo condujera, aprovechó un descuido de sus dueños que habían dejado sin querer la puerta del garaje abierta. Y, entonces, la luz entró iluminando tímidamente el Ferrari y borrando todas sus sombras y la fría oscuridad del garaje. El Ferrari, curioso, se atrevió a salir poco a poco del garaje y contempló, estupefacto, que el mundo exterior estaba lleno de emocionantes caminos y trepidantes carreteras que prometían viajes asombrosos. Se dio cuenta de que había olvidado todo eso al permanecer encerrado en el garaje y, al volver a ver ahora tantas posibilidades ante sí, se sintió confuso. Hacía muchos años que no se había planteado ir a ningún lado, así que ¡no sabía qué camino elegir!

—¿Y qué hizo, Brianne? ¿Adónde fue?

—Pero ¿no lo sabéis? El Ferrari vino aquí, a Originia, su lugar de nacimiento.

Brianne miró las caras de sus amigos. Algunos aún no habían entendido que estaba hablando de ella misma, que esa era su historia. Otros, sin embargo, asentían con una sonrisa.

—El Ferrari sabía que sería un viaje largo y en solitario, un viaje en el que pondría a prueba su motor, sus ruedas, sus marchas, sus frenos... Pero si algo no funcionaba lo arreglaría, y si necesitaba gasolina repostaría, y si necesitaba descanso pararía. Así que el Ferrari, decidido a volver a ser el que era, quiso partir sin más, dejando atrás ese frío y oscuro garaje que durante tantos años no le había permitido ser quien era en realidad. No miraría atrás, solo al frente para disfrutar a tope de su nuevo camino.

**»Viajó ligero, sin equipaje que ralentizara su marcha, sin temer las curvas y obstáculos del camino que no serían más que la oportunidad de demostrar su agarre, su potencia, su gran capacidad de conducción en tramos complicados.**

»Esperaba con ansia las subidas, las bajadas y los incidentes inesperados en los que podría demostrar su gran capacidad de superación, su esencia Ferrari. Si se perdía por el camino descubriría nuevas e inexploradas rutas que le llevarían a lugares sorprendentes; si se tropezaba con gente que fuera en la misma dirección, le ofrecería el asiento de copiloto y compartirían parte del viaje.

—¡Vaya, Brianne! ¡Yo también quiero hacer un viaje de esos, disfrutando del camino sin importar la meta!

—Todos podemos hacer ese viaje, ¡nuestro viaje! Solo debemos tener el valor de salir del garaje y emprender el camino hacia nuestro destino.

—¡Pero yo también lo quiero hacer en Ferrari, ja, ja, ja!

—¡Tú ya lo eres! Todos somos un Ferrari aunque no lo sepamos. Tenemos dentro de nosotros todo lo que necesitamos para conducir nuestra vida con decisión, firmeza y seguridad y encontrarnos al final del camino. ¡La meta somos nosotros!

## 30

## Una realidad a medida

—¡Qué bonito, Brianne! Pues sí que has tenido suerte. ¡Eres una triunfadora! No es fácil conquistarse a uno mismo y tú lo estás consiguiendo.

—Sí, Álvaro, aunque no es un camino libre de peajes, yo he pagado los míos y seguro que lo seguiré haciendo. Pero gracias a ellos ahora estoy aquí, ¡y quién sabe mañana! Tengo cientos de lugares que visitar y miles de rutas por explorar. Aún le falta mucho rodaje a mi Ferrari y estoy dispuesta a dárselo.

**»Mi historia realmente empieza ahora, esa historia de la cual soy autora y guionista escribiéndola cada día con mis decisiones. Voy hacia mi mejor versión, y solo yo puedo pilotar mi coche.**

Brianne se sintió bien, le había gustado su historia, era real, era la que le convertía en héroe y no en víctima, la que le impulsaba a ver el futuro con esperanza y emoción. Se sintió en paz con su pasado y agradecida con su presente. Eran tan afortunada y se sentía tan agradecida...

—A veces es difícil salir del garaje, ¡ni siquiera sabemos que estamos ahí!

—Lo sé, a mí me ha pasado. Pero en mi caso, tocar fondo ha sido lo que me ha dado la fuerza para salir en mi propia búsqueda.

—Cierto. A mí tuvieron que robármelo todo; Marga tuvo que estar al borde de la muerte; Ángel tuvo que arruinarse y Gala tuvo que perder a su marido para dar un giro a su vida.

—Pues yo creo que no deberíamos dejar que las cosas lleguen a ese punto. Deberíamos preguntarnos cada día si 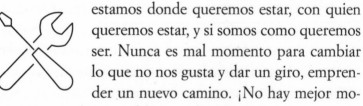 estamos donde queremos estar, con quien queremos estar, y si somos como queremos ser. Nunca es mal momento para cambiar lo que no nos gusta y dar un giro, emprender un nuevo camino. ¡No hay mejor momento para elegir ser feliz que ahora!

—Cierto, Brianne, no deberíamos permitirnos llegar a ese punto. A veces puede ser ya demasiado tarde.

Brianne pensó de nuevo en las ranas, y en cómo había estado a punto de morir achicharrada de no ser por la nueva infidelidad de Óscar que le hizo saltar de la olla.

—Qué bonito, pasar página ¡o incluso empezar un nuevo libro! ¡Pero si hasta me das envidia, Brianne!

—¿Cómo que envidia, Marina? ¡Ja, ja, ja! No me vas a dejar, ¿verdad?

—¡Claro que no, David! ¡Eres el copiloto perfecto en mi vida!

Brianne se rio, sobre todo al oír eso del copiloto, porque se acordó de Amanda y de su viaje hasta Originia. Después de contarse sus aventuras y desventuras, y dar buena cuenta del postre, riquísimo, por cierto, llegó la hora de irse. No le apetecía despedirse, había sido una velada maravillosa llena de risas, consejos y aprendizajes, y se prometió a sí misma no volver a dejar pasar tanto tiempo sin ver a sus amigos de la infancia. Hubo infinidad de besos, abrazos, cumplidos y buenos deseos para todos, incluso para Ángel y Marga, que se unieron a la despedida.

Brianne se sentía tan feliz... Regresaron cada uno a su casa, y una vez en la suya, Brianne y Maya se pusieron el pijama. Maya había comprado dos iguales para la ocasión, y se rieron porque a Brianne el suyo le quedaba pequeño. Siempre habían usado la misma talla y ahora ya no era así. ¡Pero lo volvería a ser! Acordaron que cuando Brianne perdiera peso dormirían otra vez juntas para recordar esa noche tan especial.

Brianne cogió el pijama de su mochila y durmieron juntas y abrazadas, como solían hacer cuando eran pequeñas. Brianne recordaba el olor del pelo de su hermana, el calor de su piel... Y Maya le confesó que con ella siempre se había sentido segura y la había echado mucho de menos todos esos años. Brianne le prometió verse más a menudo, y se quedó dormida con una gran sonrisa, pensando con algo de preocupación que, al día siguiente, tendría que dar la noticia de su separación a sus padres. No sabían que había venido a Origina, pero Maya se había asegurado de que al día siguiente estuvieran en casa.

A la mañana siguiente, cogió su mochila y fue caminando al piso de sus padres, muy cerca de allí. Llamó a la puerta y abrió su madre, que, al verla, se puso a gritar:

—¡Brianne! ¡Es Brianne! Frank, ¡es Brianne! ¡Brianne!

—Ay, mamá, ¡que no es para tanto!

—Hija, hace mucho que no te vemos, ¡estás estupenda! Nos tenías preocupados. Últimamente te oíamos tan triste...

Brianne pasó y abrazó a sus padres. Los encontró muy mayores, pero igual de joviales que siempre. No los veía desde hacía más de un año. Su padre había perdido mucho oído y su madre estaba muy delgada, lo cual acentuaba aún más sus arrugas.

La casa estaba como siempre, llena de decoraciones que no valían para nada más que para acumular polvo, pero que a ellos les gustaban mucho: recuerdos de viajes, fotos, enciclopedias ya obsoletas, colecciones de dedales, sombreros, muñecas...

—Brianne, ¿has desayunado?

—Claro, mamá, he dormido con Maya y me ha preparado un superdesayuno.

—Espera, que saco algo.

—Que no, mamá, que ya he comido, no te preocupes.

¿Por qué siempre su madre insistía tanto en que comiera? ¿Y por qué tenía hambre nada más entrar en esa casa? ¿Le recordaría su infancia? ¿Los momentos en familia alrededor de la mesa? Brianne recordó a Marina y cómo aprendió a distinguir el hambre emocional del hambre real. También se acordó de las semillas del cambio que había plantado, tenía que cuidarlas para que dieran su fruto, así que decidió que no tomaría nada hasta la hora de la comida, por mucho que su madre insistiera.

—Bueno, hija, ¡cuéntanos! ¿A qué se debe esta visita? ¿No habrá pasado nada malo, no? ¿Y Óscar? ¿Y los niños? ¿Están bien?

—Sí, tranquilos, están todos muy bien, de viaje en Saint-Tropez.

—¿Saint-Tropez? ¿Y qué haces tú aquí?

—No, yo no he ido, necesitaba estar sola.

—¿Estar sola? ¿Te pasa algo? ¿Estás enferma?

—No, mamá, no estoy enferma. Ya no, en realidad.

—Entonces ¿qué pasa? Nos estás asustando.

—Está todo bien, tranquilos, solo que... tengo algo que deciros.

—¿El qué?

Brianne estaba nerviosa. Quizá ni siquiera la creyeran cuando les contara los desprecios e infidelidades de Óscar. ¡Ocultaba todo eso tan bien delante de los demás...! Para sus padres, Óscar era el yerno ideal y su matrimonio, perfecto: dos jóvenes guapos y brillantes con tres hijos preciosos y un Ferrari en el garaje. Cada vez que Brianne había insinuado su malestar en la relación, su madre le había dicho cosas como: «Hija, hay que aguantar», «Los matrimonios son así cuando entran en la rutina», «Los hombres tienen sus cosas», «¡Qué harían sin nosotras!»...

Su madre era un ama de casa dócil y manejable que se adaptaba a la perfección al carácter autoritario y dominante de su padre, aunque Brianne nunca había visto en ellos desaires, burlas o faltas de respeto como en su relación. Quizá no la entenderían, pero se armó de valor, cogió aire y lo dijo.

—He decidido dejar a Óscar.

—¿Dejarle? ¿Separarte, quieres decir? Pero ¿por qué?

—Bueno, mamá, digamos que no teníamos un matrimonio tan bonito como parecía.

—¿Lo ves, Rose? ¡Te lo dije! A mí Óscar siempre me ha dado mala espina.

Brianne se quedó en silencio, sorprendida. ¿A su padre no le gustaba Óscar? ¡Pero si creía que le idolatraba!

—Alguien que se esfuerza tanto por gustar a los demás es que no se gusta mucho a sí mismo. Y esa manera de hablar de ti, tan pomposa y exagerada... ¡Dime de qué presumes y te diré de qué careces!

—A mí tampoco me gustaba mucho, hija. Le respetábamos porque era la persona que tú habías elegido para tu vida, el padre de nuestros nietos. Pero los gestos dicen mucho más que las palabras y esa forma tan fría de tratarte a veces, tan distante contigo aunque tratara de aparentar lo contrario. ¡Pero si solo había que verte la cara de tristeza y resignación!

—¡Vaya, mamá! Parece que todos veíais eso menos yo. Me temo que he estado ciega durante doce años. Hay muchas cosas que no os he contado y creo que es la hora de hacerlo.

Brianne y sus padres se sentaron en el sofá y ella les contó todo, desde la historia de la tortilla hasta la última infidelidad de Óscar. Sus padres la dejaron hablar, en silencio, y ella se sintió segura y a salvo en su casa, con las personas que más la querían en el mundo.

Al terminar su relato, Brianne se derrumbó y les pidió perdón por decepcionarlos, por no haber cumplido sus expectativas.

—¿Decepcionarnos a nosotros? ¡Nada de eso! Eres una campeona y siempre lo has sido. Darte cuenta de que ese no es tu lugar y querer salir de ahí no es nada fácil, y tú lo estás haciendo, ¡hay que ser muy valiente para dar ese paso!

—Pero no sé qué hacer. Ni cómo decírselo, ni adónde ir después, a mi edad, sin dinero, sin trabajo y con tres niños. ¡Y con lo mal que están las cosas ahora!

—Pero, hija, nosotros siempre vamos a estar aquí para apoyarte en todo, ya lo sabes.

Sí, lo sabía. Y eso, en cierta manera, tranquilizó a Brianne. Sin embargo, se estaba compadeciendo de sí misma; se dio cuenta de que estaba cayendo en la trampa del victimismo, contándose una historia de derrota llena de dificultades y límites que ella misma se estaba poniendo por el simple hecho de mencionarlos.

## «Lo que te dices crea los límites de quien crees que eres, Brianne», pensó.

«Y quien crees que eres crea tu realidad, esa realidad única y personal que nos permite ser felices». Así que corrigió su actitud y con firmeza se dijo a sí misma que tenía poder sobre la realidad, no la realidad sobre ella.

—No os preocupéis, ¡saldré adelante!

—¡Claro que sí! Siempre has tenido una fortaleza impresionante, ¡solo debes confiar en ti y no olvidarlo! ¿Recuerdas aquella vez que llorabas porque creías que ibas a suspender un examen? Decías que te había salido fatal, que habías respondido mal a todo, que no ibas a pasar de curso... ¡Un drama! ¡Y luego sacaste un nueve!

—Sí, cariño, a veces ni tú te creías las capacidades que tenías. Lo veías todo negro, pero luego ¡la realidad era otra! Te preocupabas por cosas que nunca sucedían.

—Espera un momento, Brianne, quiero enseñarte algo.

## 31

## La recompensa de la felicidad

Frank fue a su despacho y volvió con una caja de zapatos de cartón. Estaba ya vieja y algo desgastada y tenía una etiqueta en uno de los laterales con algo escrito a mano con un rotulador: CALIFICACIONES DE BRIANNE.

—¡Mis notas del colegio!

—Aquí las tenemos, hija, ¡bien guardadas! Y también las de Maya, en otra caja.

Brianne sacó los boletines del colegio, ¡se veían tan antiguos comparados con los que les daban a sus hijos en la escuela!

—¿Lo ves? Todo nueves y dieces y, sin embargo, ¡cuántas lagrimas derramadas!

—Qué raro, yo no recuerdo nada de eso.

—Claro, porque nunca suspendías y en cuanto te daban las notas se te olvidaba todo. Pero en cuanto llegaban de nuevo los exámenes, ¡otra vez la misma historia! Te faltaba fe en ti misma, hija, ¡y no quiero que ahora te vuelva a pasar!

—Todo va a salir bien, ¡ya verás! Eres inteligente, trabajadora, honesta, buena, generosa, creativa... ¡Nada puede ir mal! Y si va mal, ¡pues lo solucionaremos!

—Basta, mamá, ¡ja, ja, ja! ¡Estás exagerando!

—¿Exagerando? Frank, trae la otra caja, la grande.

 Después de unos minutos en los que se oyeron golpes de abrir y cerrar puertas, Frank volvió con «la otra caja». Esta era mucho más grande, y en ella había todo tipo de diplomas, medallas y trofeos. Brianne había ganado tantos que ya ni se acordaba.

—¿Mejor tortilla francesa? ¡No lo puedo creer!

—Sí, hija, ¡te apuntabas a todo! No tenías miedo de perder, aunque justo antes de los votos te venías abajo y dudabas de ti misma. ¡Esa manía tuya! Pero casi siempre ganabas, ¡hasta un concurso de cocina! Claro que tus contrincantes eran nefastos, teníais solo siete años, ¡ja, ja, ja! La cocina nunca te interesó demasiado, pero te apuntaste al concurso igual. ¡Para ti todo era un reto!

Todos rieron. A Brianne le pareció muy significativo que hubiera ganado precisamente un concurso de tortillas y que años más tarde, una de ellas hubiera terminado en la basura. Entendió que el problema no estaba en la tortilla, sino en quien la puntuaba.

—No sabía que guardarais todas estas cosas. Siempre tuve la sensación de que no era suficiente, me exigíais tanto...

—Porque tú podías. Si no, no lo habríamos esperado de ti.

**»La clave está en competir con uno mismo, no con los demás.**

»¡Y tú misma tenías el listón muy alto! Quizá demasiado a veces, la verdad. Y por eso siempre temías no estar a la altura cuando en realidad ya estabas muy alto.

Brianne les dio un abrazo.

—Bueno, habrá que ir preparando la comida, ¿no? Supongo que hoy te quedas aquí...

—Claro, mamá, me quedo a dormir; mañana ya vuelvo a casa.

—Voy a preparar croquetas, esas que tanto te gustan.

—¡Tus famosas croquetas! ¿Puedo ayudarte? Creo que es el momento de aprender la receta para poder hacérselas a tus nietos, ¡están tan buenas!

—No tienen ningún misterio.

—Pues entonces será el cariño con el que las haces.

—¡O con el que las comes!

Brianne dio un beso a su madre. Nunca había cocinado con ella, no era algo por lo que sintiera interés, pero le apetecía mucho compartir ese rato juntas. Así podrían hablar de cosas que nunca antes habían comentado, como de por qué se había sacado el carnet de conducir si nunca tuvo intención de coger ningún coche.

—Mamá, una cosa... ¿Recuerdas cuando tenías mi edad y decidiste sacarte el carnet de conducir? ¿Por qué lo hiciste?

—Uf, bueno, ya ni me acuerdo, ¡eso fue hace mucho tiempo! Creo que fue por diversión, mis amigas se lo estaban sacando y por esa época hacíamos todo juntas. ¡Ya ves que tontería!

—¿Por diversión? ¿No fue para demostrarte que podías, que tú también eras capaz de conducir y no ir siempre de copiloto?

—No, no, ¡qué va! A mí me encanta ir de copiloto de tu padre. Yo no necesito demostrarme nada, Brianne, estoy donde quiero. Si quisiera estar en otro lado, me iría como estás haciendo tú ahora.

—Pero es que siempre estás a la sombra de papá. Así no se puede ser feliz, mamá.

—¡De eso nada, hija! A ver qué haría tu padre sin mí, ¡si no sabe ni freír un huevo! Y no te confundas, yo soy muy feliz así, no tengo tu preparación ni tus ambiciones. Me encanta la casa, cocinar, el café de las tardes con mis amigas... No necesito más. En cambio, tú, siempre con tantas ganas, tantos sueños, tanta capacidad y potencial. ¿Cómo ibas a ser feliz con una vida como la mía? Tú necesitas volar, llegar lejos.

## »La felicidad consiste en tener y ser lo que quieres.

»Y yo soy y tengo lo que quiero. Tú aún tienes que hacer que esas dos cosas coincidan en tu vida, y estás haciendo bien empezando a soltar y dejar ir lo que no quieres.

Brianne entendió que cada uno es como es. Recordó las semillas de las que le habló Néstor y, desde luego, la suya era muy diferente de la de su madre. Quizá la suya era la de un árbol que crece muy alto tratando de tocar el cielo y la de su madre, la de uno que crece poco pero da buena sombra a los demás. Y ambas cosas estaban bien.

—¡Gracias, mamá! ¿Puedo preguntarte otra cosa que me inquieta?

—Claro, hija, no tenemos ningún secreto.

—Se trata de papá. ¿Tú crees que está orgulloso de mí?

—Eso deberías preguntárselo a él, pero te aseguro que sí. Anda que no presume por ahí de hija.

—Ya, pero, siempre he tenido la sensación de no ser suficiente para él. A pesar de sacar buenas notas en clase, las mejores, papá siempre criticaba mis trabajos cuando se los enseñaba. Recuerdo volver orgullosa a casa con redacciones o ensayos en los que me habían puesto un diez para que papá los leyera y lo único que hacía era mirarlos con desinterés y sacarles faltas: que si podrían estar mejor, que si no se entendían bien...

—Hija, pero ¿no te dabas cuenta de que tu padre no entendía nada de lo que habías escrito? Él no tiene estudios, y yo tampoco. Todo eso se nos quedó grande muy pronto a los dos, y ya sabes lo orgulloso que es tu padre. No llevaba bien que con ocho años hicierais muchas cosas mejor que él. Sentía vergüenza y no quería que dejarais de respetarle o algo parecido, ¿sabes? Lleva muchos años sintiendo que quizá no estuvo a la altura con vosotras, por mucho que yo tratara de convencerle de lo contrario.

Brianne se sintió confusa.

**Se había pasado la vida tratando de ser perfecta, de hacer todo lo que se esperaba de ella para conseguir la aprobación de su padre.**

¿Y era él quien no se sentía a la altura? ¡No era posible! La opinión y la validación por parte de su padre valía más para Brianne que todos los sobresalientes que le pusieran en el colegio, y siempre se esforzaba en vano por conseguirla.

—Hija, ve a hablar con él, creo que tenéis una conversación pendiente.

Brianne asintió y fue al salón con su padre, dejando que su madre terminara de freír las croquetas. Estaba en la mesa, ordenando confuso unas facturas y Brianne lo miró de una manera distinta a la habitual, de una forma más humana y compasiva. Para ella, su padre siempre había sido el baremo que regía sus decisiones. Se dio cuenta en ese momento de que, hasta que delegó ese papel a Óscar, todo lo que había hecho en su vida había sido para contentar a su padre, para que estuviera orgulloso de ella, para que por fin le diera la tan ansiada aprobación: varias carreras graduándose *cum laude*, másteres, trabajos bien remunerados, una familia perfecta...

Y, sin embargo, Frank nunca le había dicho que estaba orgulloso. Hasta ese momento, Brianne no había entendido por qué, no sabía qué más tenía que hacer para lograr que su padre la aceptara. Y estaba claro que había trasladado esa responsabilidad a Óscar, buscando sin éxito su eterna validación para sentirse suficiente. Ahora, viéndolo ahí ordenando facturas en su humilde casa, Brianne comprendió que era ella la que no le había dicho lo orgullosa que estaba de él, lo mucho que le agradecía que les hubiera dado todo a Maya y a ella, incluso cosas que no comprendía, como carreras y másteres universitarios.

Estaba tan mayor y se le veía tan frágil... Brianne imaginó cómo habría sido su vida, llena de dificultades para prosperar, sin las herramientas necesarias para hacerlo de una manera más cómoda o por un camino más fácil. Tanto él como Rose provenían de familias sin recursos, no pudieron estudiar, y tuvieron que abrirse paso en la vida renunciando a muchas cosas. Pero lo habían conseguido a base de trabajo, esfuerzo y perseverancia, y quizá era eso lo que Frank se había empeñado en enseñar a sus hijas de manera inconsciente, intentando que siempre dieran lo mejor de sí, llegando a más, consiguiendo más...

Todos esos «desprecios» hacia el trabajo de Brianne no eran más que el miedo a que su hija se conformara con eso pudiendo ser mucho más y ella lo había interpretado mal, o quizá su padre no lo supo expresar mejor. En cualquier caso, él estaba ahí ¡y lo había conseguido! Brianne era brillante, a lo mejor se había perdido un poco y había olvidado su potencial, pero era increíble y podría lograr todo lo que quisiera, justo lo que había deseado su padre. No había necesidad de reprochar ni preguntar nada, y Brianne solo quería decirle una cosa.

—Papá...

—Dime, cariño.

—Estoy muy orgullosa de ti, ¿sabes?

—¿De mí? Pero, hija, ¿por qué?

—¿Por qué? ¿Te parece poco lo que has hecho por mí? Te admiro mucho, tu esfuerzo, tu inconformismo, tu tenacidad... No habría podido tener un mejor ejemplo.

A Frank se le escapó una lágrima que se apresuró a limpiar con la manga de su camisa. Abrazó a su hija y le dijo por primera vez que él también estaba muy orgulloso y lo mucho que la admiraba. En ese momento entró

Rose anunciando que sus famosas croquetas estaban listas. El olor impregnaba toda la casa, y Brianne recordó un montón de momentos felices de su infancia. Las croquetas estaban buenísimas, incluso más de lo que ella recordaba.

## 32

## Cuidando de tu niño interior

Después de comer, Frank se fue a echar la siesta, en el sillón, como siempre. Y Brianne y su madre se sentaron en el sofá para charlar tomando un café. A su madre le gustaba ardiendo, en cambio ella tardaba siglos en tomárselo para que no le quemara. ¡Eran tan diferentes...!

—Hija, me alegro de que estés bien y tan animada después de todo. ¿Qué planes tienes? ¿Has pensado en algo? Supongo que Óscar se mudará igualmente, ¿no?

—Pues no lo sé, mamá. Él hará lo que crea que debe, pero supongo que sí. Nunca ha querido dejar su trabajo por mí, y ahora menos, claro. Desde luego, yo ya no iré a ningún lado con él, y a mis hijos en principio tampoco se los puede llevar, así que él verá lo que hace.

—Pues sí, cariño. Si quiere, que se quede por sus hijos, ¡ya es hora de que dejes de seguirle a todas partes como un perrito faldero!

—Espero que lleguemos a un acuerdo de manera amistosa por el bien de los niños y que nos tengan siempre a los dos. Eso es fundamental.

—Claro, vaya lío ahora con la separación.

—Sí, no va a ser fácil, mamá, ¡nada lo es! Pero será lo mejor para todos, incluidos los niños, ¡y eso es lo importante! Me las arreglaré sola, quizá vuelva a mi antiguo trabajo un tiempo, o aproveche la oportunidad para montar algo por mi cuenta, ¡es lo que siempre me ha gustado!

—Pero para eso necesitas dinero, ¿no? Podemos dejarte algo.

—¡Gracias, mamá! Pero empecé de cero hace años al terminar la universidad y enseguida conseguí comprarme una casa y un Ferrari, ¿recuerdas? ¿Por qué no sería capaz de volver a hacerlo? ¡Confío en mis alas para volar!

—¡Claro que sí, hija! ¡Esa es la actitud!

Se abrazaron y después vieron una película de esas de sobremesa que le gustaban a su madre y que Brianne odiaba. Pero estar ahí con ella, viéndola tan feliz con la película, tapadas juntas con una manta y comiendo pipas mientras su padre roncaba al lado, le hacía muy feliz.

Al terminar la película y con una sincronía perfecta, su padre se despertó y decidieron merendar y jugar al parchís. Les encantaba. Y después, una partida de cartas, y así hasta la hora de cenar. Tenían una vida tan simple y sencilla... En cierta manera Brianne los envidiaba. Ella, por el contrario, tenía dentro una semilla más compleja que necesitaba mucho más, una semilla con tanto potencial de crecimiento que le oprimía el pecho. Y estaba deseando verla crecer.

Después de la cena, una riquísima ensalada para compensar las croquetas del almuerzo, Brianne se fue a dormir. Su madre había preparado su cama con las sábanas que solía usar de pequeña, unas de florecitas rosas que eran muy suaves no por su calidad, sino por lo desgastadas que estaban. Eran tan finas que el colchón se transparentaba, pero Brianne no podía imaginar unas sábanas mejores para esa noche previa a su regreso. Era hora de volver, de afrontar su destino, de decir adiós al pasado y empezar una nueva vida mucho más feliz.

Su habitación estaba tal y como la recordaba, sus padres no habían cambiado absolutamente nada. Sus escritorios, sus pequeños armarios y esa lámpara horrorosa y antigua que colgaba del techo, pero que, en su momento, a Brianne le parecía preciosa. Allí dormían Maya y ella, nunca pudieron tener una habitación para cada una, pero eso no les importaba. De hecho, preferían estar juntas. Ahora se le hacía raro dormir allí sin ella.

Ya había anochecido y Brianne estaba agotada. Habían sido varios días de viaje en todos los sentidos y estaba exhausta. Tantos kilómetros, tanta gente, tantas emociones y tantos aprendizajes... Sacó su pijama de la mochila, se lo puso y cuando se disponía a meterse en la cama, oyó un ruido detrás de ella. Brianne se giró asustada.

Había una niña de unos ocho años sentada al escritorio de Brianne. A su lado, cuadernillos de matemáticas, libretas de dibujo, rotuladores, un montón de libros de aventuras y *hobbies*... Estaba escribiendo algo en un cuaderno, y Brianne se acercó a mirar.

—Hola, ¿quién eres?

La niña no contestó, ni siquiera la miró. Parecía absorta escribiendo frases de una sola línea, muy separadas unas de otras. Cuando completó una página, la arrancó y, con unas tijeras, empezó a recortar frase por frase. Brianne se sentó a su lado, en la silla de Maya.

—¿Qué estás haciendo?

La niña esta vez se giró y le sonrió. Tenía el pelo rizado, castaño, sujeto con dos trenzas. ¡Y unas pestañas larguísimas que le impresionaron! Se la veía muy feliz y confiada.

—Nada, estoy escribiendo mis retos.

—¿Tus retos? ¿Eso qué es?

—Pues cosas que quiero hacer aunque me cuesten, y me las planteo como desafíos. Sé que soy capaz de hacerlas, así que las escribo aquí, las recorto, doblo los papeles  varias veces para no verlas y las meto en este cofre. Cada mañana saco un papelito sin mirar, y ese día tengo que cumplir lo que me toque, ló que esté escrito en el papel. Es mi propósito del día ¡Es divertido! ¿Me ayudas?

Por supuesto, Brianne la ayudó, recortando las frases y doblándolas de manera que no se vieran hasta tener cuadraditos de papel que metía en el cofre.

«No pelearme con mi hermana», «Decirle dos cosas buenas a alguien que no me guste», «Ayudar a todo el que me lo pida sin rechistar», «Recoger yo sola la mesa después de cenar y dejar que todos descansen»...

Todas esas frases le resultaban familiares. ¿De qué le sonaban? Miró de nuevo a la niña y de repente se reconoció. ¡Era ella! ¡Era ella cuando tenía ocho años! Y esas frases las escribía Brianne, cada semana, en su implacable esfuerzo por ser mejor persona. ¡Con solo ocho años! Pero ¿cómo lo había olvidado? ¿Qué niña normal haría eso?

Volvió a leer todas las frases. Algo no estaba bien. Algo

le chirriaba. Eran suyas, de eso no había duda, pero todas estaban enfocadas a hacer algo por otras personas, no por ella misma. No había ni una sola frase en la que Brianne se propusiera hacer algo para ella misma.

—Te llamas Brianne, ¿verdad?

La niña asintió.

—Brianne, ¿por qué no hay ningún reto en el que te des algo a ti misma?

—¿A mí? ¡Pero si yo no necesito nada! Estoy bien. Quiero hacer cosas por los demás, ¡así me querrán más!

**—Bueno, hacer cosas por los demás está muy bien, pero solo si tú te sientes bien haciéndolas, no para conseguir que te quieran más. Tú ya eres suficiente y mereces amor por como eres.**

»No tienes necesidad de hacer nada de eso. ¿Sabes por quién tienes que hacer en realidad las cosas?

La niña se encogió de hombros.

—Por ti, esa es tu única obligación, ¿entiendes?

—Pero eso es ser egoísta.

—No, ¡qué va!

**»Egoísta es pretender que otros hagan por ti lo que tú tienes que hacer por ti misma. Es importante quererse, cuidarse y respetarse. ¡Nadie lo puede hacer mejor que tú!**

»Creo que deberías incluir algunas cosas para ti, ¿no crees? Tú eres la que se tiene que querer más.

La niña asintió sin hacer mucho caso a Brianne, que enseguida cogió la libreta y un bolígrafo y empezó a escribir. Tenía la misma letra que la niña, un poco más caótica pero idéntica caligrafía.

«Hacerme un peinado especial», «Comer algo que me guste aunque esté prohibido», «Pedir que alguien recoja la mesa por mí», «Ver una película que yo elija», «Estar media hora sin hacer nada»...

—¿Puedo meter estos retos también en el cofre? ¿Me prometes que si te tocan los cumplirás?

La niña asintió con una sonrisa y se quedó mirando a Brianne.

—¿Por qué los has escrito?

—Porque te quiero mucho y te valoro más que a nada en el mundo. ¡Y deseo que tú te quieras igual! Estoy orgullosa de ti, de tu inocencia, de tu bondad... Pero hazme un favor: ten siempre presente que no tienes nada de lo que avergonzarte, eres perfecta como eres. No necesitas que nadie te lo diga, lo eres ¡y ya está!

—¿Por qué me dices todas estas cosas? ¿Quién eres?

—Soy la persona que va a cuidar de ti a partir de ahora, la que va a estar a tu lado en tus momentos felices y tus momentos tristes, en la felicidad y en el dolor. Estaremos siempre juntas, ¡nunca estarás sola!

—¿También me vas a proteger de los malos?

—Claro que sí, ¡sobre todo eso! No volveré a dejar que te hagan daño. Perdóname por no haber estado ahí cuando me necesitabas, por no haberte buscado cuando estabas perdida, por no haber paliado tu dolor o satisfecho tus carencias. Lo siento tanto, de verdad. Te quiero mucho, ¡te amo! y te doy las gracias por ser como eres.

Brianne y la niña se abrazaron. La pequeña Brianne le preguntó si podían dormir juntas. Y claro, ella le dijo que sí. Se metieron en la cama y Brianne acarició el pelo de la niña, que se quedó dormida sobre su pecho.

—Tranquila, pequeña Bri, ahora me ocupo yo. ¡Te acompañaré siempre!

## 33

## Ya nada es igual

Brianne se levantó tarde. Sus padres no habían querido despertarla, habían sido unos días extenuantes. Nada como un buen descanso para ver las cosas con optimismo y estar preparada y lúcida para todo lo que viniera. Hacía siglos que no se despertaba tan tarde. No estaba acostumbrada a no tener a los niños, siempre a primera hora en pie de guerra. Se sentía bien, ¡muy bien! Un delicioso olor a bizcocho de limón llegaba desde la cocina. ¡Qué maravilla! Era el que su madre preparaba por su cumpleaños y por alguna razón había decidido que era un día de celebración. Y lo era. Brianne se sentía como nueva, ¡como si hubiera vuelto a nacer!

**Veía ante sí la posibilidad de empezar de nuevo, de diseñar su futuro como ella quisiera desde cero, así que ese nuevo comienzo, en cierta manera, era como su cumpleaños.**

Fue a la cocina justo cuando terminaba de hacerse el café. Sus padres la estaban esperando para desayunar, y su madre ya había puesto la mesa con un gran trozo de bizcocho en el plato de Brianne. Se sentó y le dio un buen mordisco. ¡Estaba riquísimo! Su madre le preguntó qué tal había dormido y ella, con la boca llena, respondió que de maravilla. Por supuesto, no iba a contar nada de su encuentro con su yo de ocho años o la tomarían por loca. Además, no hacía falta.

El hecho es que Brianne se había reencontrado, había vuelto a conectar con ella misma, con quien ella era en realidad, ¡con su semilla! En su viaje interior había logrado destruir creencias y patrones que tenía muy arraigados y que no le permitían desarrollar su esencia. Había aprendido que la felicidad estaba dentro de ella y no al lado de alguien; que si se sentía mal en algún lugar era porque no encajaba, porque no estaba donde le correspondía y no porque ella fuera defectuosa o insuficiente; que lo que pensaba era lo que sentía y lo que sentía lo que era.

¡Tenía aún tanto que aprender, tantos caminos que explorar y recorrer! Pero había llegado a su primera meta y estaba orgullosa. Sin embargo, sabía que ese había sido solo uno de los muchos viajes que emprendería y que aún quedaban muchas metas hasta llegar a su destino.

Engulló con placer el bizcocho, pero esta vez no por tristeza o soledad, ¡sino todo lo contrario! Rebosaba alegría y se sentía más plena y satisfecha que nunca. Estaba celebrando su renacimiento, ¡era su cumpleaños! El punto cero de una nueva vida, un día que celebraría todos los años a partir de ahora con un bizcocho de limón.

Al terminar, recogió la mesa, se duchó y preparó su mochila para emprender su viaje de vuelta.

Maya fue a despedirse, le desearon un feliz camino de regreso a casa y su madre, inevitablemente, le metió una fiambrera con croquetas en la mochila y el resto del bizcocho de limón. «Para los niños», le dijo. Maya se rio.

—Ay, mamá, siempre igual. ¿Acaso crees que no hay comida donde vive Brianne?

—Como mis croquetas no. Y este bizcocho es especial.

Eso era cierto, y se rieron. Se abrazaron de nuevo y la acompañaron al coche. Brianne subió al Ferrari con toda naturalidad, se abrochó el cinturón de seguridad y puso en marcha el motor.

—¡Ay, hija! No vendas el Ferrari, ¡te sienta tan bien! Si necesitas dinero te lo prestamos nosotros.

—Mamá, sabré arreglármelas, ¡no te preocupes! Tengo dentro de mí todo lo que necesito para conseguir lo que quiera, ¡yo soy el Ferrari! Y este de aquí... creo que hay alguien que lo necesita más que yo para encontrar su camino. Yo ya he encontrado el mío.

—¡Qué bien, hija! Pues mucho ánimo con todo, llámanos cuando lo necesites, ¡estaremos pendientes!

Tras un último abrazo y algunas lágrimas de Rose, Brianne emprendió el camino de vuelta a casa.

Conducía con claridad, confiada, sin trompicones, ni frenazos, ni inseguridades... Al volante del Ferrari sentía su independencia, su autonomía, su capacidad de soñar con libertad lo que quisiera y el poder para lograrlo. Sentía la brisa en su cara como un soplo de aire fresco que despejaba el camino a su futuro, ese futuro que ella quería y merecía y que estaba dispuesta a hacer realidad sin importar lo que pensaran los demás. Sabía que no iba a ser fácil, que encontraría dificultades y algunos reveses, pero no tenía miedo porque también sabía que todo lo que le ocurriera sería por alguna razón, para que aprendiera algo necesario para acercarse más a su destino.

No existían los fracasos, solo oportunidades de aprender, escalones hacia la meta. Y de su matrimonio con Óscar había aprendido mucho, sobre todo a quererse, respetarse y valorarse. Había entendido que su prioridad era ella, ¡no todo lo demás! Había descubierto que si algo no le hacía feliz, no tenía por qué conformarse y aceptarlo, que tenía que ser fiel a sí misma y a sus principios, sus sentimientos, sus valores... Le había costado doce largos y dolorosos años comprender que todos esos desprecios, humillaciones, devaluaciones e infidelidades de Óscar no eran más que señales que le daba la vida para que entendiera que ella valía más, que merecía algo mejor, ¡mucho mejor! Había pagado un alto precio por la lección, pero así ocurre con las cosas más valiosas: cuestan caras, pero merecen la pena.

Ahora ya no le necesitaba, podía dejarle ir. No sentía rencor, ni odio ni resentimiento porque había perdonado a Óscar y sobre todo se había perdonado a sí misma. Sentía compasión por él, porque en realidad él era la única víctima de la historia, víctima de sí mismo y de lo que inevitablemente hacía para llenar ese vacío que solo podía llenar con su propio amor. El perdón y la compasión permitirían a Brianne viajar ligera, continuar su camino sin cargas, sin culpabilidad y sin deudas con el pasado.

La vida le daría otros maestros de los que aprender, otros copilotos con los que disfrutar del camino y otros obstáculos que superar. No podría controlar el estado de la carretera ni las acciones de otros conductores, pero sí cómo maniobrar, cómo responder ante los imprevistos. Era dueña de su vida, de su Ferrari.

**Había aprendido a conducirse y a ver todo con nuevos ojos, unos ojos que tenía que mantener bien abiertos para ver las señales que le indicara el camino, para descubrir nuevas rutas que le acercaran más a su destino.**

Brianne se sabía infinita e ilimitada, podía y quería llegar lejos, ser su mejor versión alcanzando su máximo potencial, su grandeza, esa que llevaba dentro y que era lo que estaba destinada a ser. Se sintió como esa ola que en realidad es el océano, se sintió parte de un plan superior diseñado para ella y todo le pareció perfecto. No quería que nada fuera diferente, todo tenía sentido. Ella era el resultado de su camino, de sus decisiones y estaba agradecida por ello. Solo necesitaba ser quien en realidad era. Tan simple como eso.

Condujo todo el día y toda la noche. Sus ganas de empezar su nueva vida le hacían olvidar el cansancio y su ilusión por todo lo nuevo y bueno que le estaba esperando la impulsaban a seguir adelante. Paraba cada dos horas a descansar. A veces en algún bar, otras en algún pueblo para dar un paseo y estirar las piernas, y otras en algún bosque, para descansar y dormir un poco junto a sus amigos los árboles.

Su familia ya debía de haber llegado a casa. Estaba deseando ver a sus hijos, saber cómo lo habían pasado en su viaje, pero sobre todo contarles el suyo. Se imaginaba a

Óscar esperándola en la cocina, fuera de sí, gritando y pidiendo explicaciones de por qué no había empaquetado las cosas, ni sacado los billetes de avión y, sobre todo, de por qué había cogido su Ferrari. Pero Brianne sabría cómo responderle sin alterarse, con calma y con mucho amor, ya que nada de lo que dijera Óscar le podía afectar o doler. Ya no se veía a través de sus ojos porque ya sabía mirarse con los suyos. Brianne se había encontrado, sabía quién era, y ni la opinión de Óscar ni la de nadie iba a cambiar el concepto que tenía de sí misma.

No sabía qué iba a ocurrir a partir de ese momento, pero, convencida de que sería lo mejor para ella, aceptaría todo lo que le ofreciera la vida, incluso las heridas que más le dolieran, porque tan solo serían grietas por donde entraría la luz que iluminaría los puntos que debía sanar. El dolor, al fin y al cabo, no era más que la oportunidad de hacerse más fuerte a través de la cicatrización.

En cuanto al Ferrari, ciertamente le había cogido mucho cariño, pero ya no le hacía falta. Ella tenía toda la potencia y la determinación que necesitaba para llegar a donde quisiera, para encontrarse a sí misma una y otra vez en diferentes y sorprendentes destinos. Y había algo que tenía claro: jamás volvería a encerrarse ni quedarse olvidada en ningún garaje. Brianne quería vivir y tenía todo el camino por delante.

## Hazte las preguntas adecuadas

Querido lector:

Es importante que con frecuencia nos hagamos las siguientes preguntas y las respondamos de manera sincera y honesta para comprobar si tenemos o no el control de nuestra vida.

Comprobarás, por tus respuestas, que la semilla del cambio está empezando a germinar y pronto dará sus frutos.

Repite el test varias veces al año con el fin de tomar conciencia de tu progreso y adoptar las medidas oportunas para volver «a tu camino» si te has desviado.

Marca con una ✕ la casilla correspondiente y al final de ambas baterías de preguntas podrás verificar tu estado.

## 1. ¿Estás aún en el garaje?                    SÍ     NO

1. ¿Tu vida te produce hastío y sientes que se repite una
   y otra vez en una rutina insoportable e inevitable?  ☐     ☐

2. ¿Puedes predecir casi con exactitud cómo será tu
   futuro y sientes que te diriges irremediablemente
   hacia él aun sin gustarte?                          ☐     ☐

3. ¿Crees que tu trayectoria pasada determina la fu-
   tura y que si nunca has sido capaz de conseguir
   algo jamás lo harás?                                ☐     ☐

4. ¿Sueles mirar el pasado con añoranza y el futuro
   con tristeza, pensando que hubo tiempos mejores
   o que ya pasó tu momento?                           ☐     ☐

5. ¿Te sientes incapaz de cambiar tus circunstancias
   o tu futuro por falta de recursos, conocimiento,
   experiencia o libertad?                             ☐     ☐

6. ¿Crees que las cosas «malas» simplemente te suceden sin ninguna razón y sin que tengas ningún
   tipo de control sobre ellas?                        ☐     ☐

7. ¿Piensas que no eres suficiente y que no mereces
   nada mejor de lo que tienes?                        ☐     ☐

8. ¿Te repites a menudo frases del estilo «No puedo
   hacer otra cosa», «Tengo que hacerlo porque es
   mi obligación/ responsabilidad», «Es lo que toca»,
   «Hay que aguantar»...?                              ☐     ☐

9. ¿Has estado tolerando y soportando poco a poco
   cada vez más cosas que no te gustan hasta el punto
   de considerarlas normales?                          ☐     ☐

10. ¿Sientes decepción y fracaso en algún ámbito de
    tu vida, ya sea físico, personal, familiar, amoroso o
    profesional?                                       ☐     ☐

11. ¿Has renunciado a tus sueños casi sin darte cuenta y ahora te ves incapaz de cumplirlos? ☐ ☐

12. ¿Consideras que debes resignarte y conformarte con tu estilo de vida, aunque no te guste o no seas feliz, porque no te queda otra? ☐ ☐

13. ¿Tienes miedo de abandonar ciertos hábitos, personas, lugares o cosas que no te sientan bien y cambiarlos por otros mejores? ☐ ☐

14. ¿Te sientes culpable solo por pensar en hacer algo diferente porque no cumplirías las expectativas puestas sobre ti? ☐ ☐

15. ¿Tienes miedo de perder algo o a alguien si haces alguna cosa de manera diferente? ☐ ☐

16. ¿Crees que hay que pagar un precio por lo bueno que te ocurre o que te va a pasar algo malo después para compensar? ☐ ☐

17. ¿Te has sentido alguna vez como un impostor cuando logras algún éxito o recibes cumplidos o regalos? ☐ ☐

18. ¿Tienes la sensación de que otra persona, o la vida misma, decide por ti sobre tu vida? ☐ ☐

19. ¿Te sientes obligado a querer a alguien o agradecer lo que tienes, aunque no lo creas suficiente para ti? ☐ ☐

20. ¿Consideras que necesitas a otra/s persona/s y/o cosa/s para ser feliz y que sin ellas no serías nada? ☐ ☐

21. ¿Tienes la sensación de estar luchando en vano por algo y de intentar salvarlo en solitario? ☐ ☐

22. ¿Notas que la vida se te escapa de las manos y pasa muy rápido sin poder sacarle el máximo partido? ☐ ☐

23. ¿Sientes a menudo ganas de huir y desconectar hasta de ti mismo/a?  ☐ ☐

24. ¿Te sientes incapaz de decir «no» a alguien cuando no quieres hacer lo que te piden sin sentirte mal, egoísta o culpable?  ☐ ☐

25. ¿Tienes pensamientos negativos recurrentes la mayor parte del tiempo?  ☐ ☐

## Resultado

Suma todas las respuestas afirmativas:

- **15-25 respuestas afirmativas:** Definitivamente, estás enterrado en vida. La puerta de tu garaje está cerrada a cal y canto. Tengo buenas y malas noticias. La mala es que la has cerrado tú mismo. Y la buena es que, igual que la has cerrado, la puedes abrir. Pero ojo, nadie más que tú lo puede hacer por ti, está en tu mano. Te invito a leer las enseñanzas de este libro para saber cómo salir del garaje y vislumbrar esa vida maravillosa que te está esperando al otro lado de la puerta.

- **10-15 respuestas afirmativas:** Parece que la puerta de tu garaje está abierta (¡bien!), pero aún te estás planteando si salir o no de él. ¿Qué te lo impide? Te invito a leer las enseñanzas de este libro para descubrir cuáles son esas creencias que te mantienen en la sombra impidiéndote disfrutar de la vida gloriosa que mereces.

- **0-10 respuestas afirmativas:** ¡Muy bien! A veces tienes momentos de duda, de incertidumbre, de miedo o de tristeza, pero es normal. Lo importante es que sepas que es transitorio y que se trata solo de indicadores de lo que aún tienes que modificar en tu vida. Te invito a leer las enseñanzas de este libro para que consigas dominar todos los aspectos de tu vida y cambiar aquellos que no te hacen feliz.

## ¿Estás en el camino hacia tu mejor versión?     SÍ     NO

26. ¿Estás donde realmente quieres estar? ☐ ☐

27. ¿Eres quien verdaderamente quieres ser? ☐ ☐

28. ¿Tienes al lado a quien de verdad quieres tener? ☐ ☐

29. ¿Sabes adónde quieres ir? ☐ ☐

30. ¿Sabes lo que quieres en la vida y lo que puedes aprender de ella? ☐ ☐

31. ¿Te ves capaz de conseguir todo lo que te propongas en la vida? ☐ ☐

32. ¿Has empezado a sembrar los frutos que quieres recoger? ☐ ☐

33. ¿Crees que el universo tiene un plan para ti y que, si realmente te lo crees, conseguirás todo lo que quieres y mereces? ☐ ☐

34. ¿Estás eligiendo tu propio camino sin que nada ni nadie te condicione? ☐ ☐

35. ¿Te das todo el amor que mereces? ☐ ☐

36. ¿Has decidido no conformarte con menos de lo que mereces, ya sea amor, prosperidad o felicidad? ☐ ☐

37. ¿Ante un obstáculo, buscas otro camino sin abandonar la meta? ☐ ☐

38. ¿Sientes que tu potencial es ilimitado? ☐ ☐

39. ¿Te sientes libre de odio, rencor o resentimiento? ☐ ☐

40. ¿Sientes que el perdón es liberador y perdonas con frecuencia? ☐ ☐

41. ¿Sonríes a menudo y la mayoría de las veces sin ninguna causa aparente? ☐ ☐

42. ¿Sabes aprovechar lo malo que te pasa para extraer aprendizajes que te impulsan hacia tu meta? ☐ ☐

43. ¿Sientes que nunca estás solo y te notas acompañado cuando estas contigo mismo? ☐ ☐

44. ¿Te dedicas tiempo y recursos, incluso más y antes que a los demás? ☐ ☐

45. ¿Podrías vivir con menos y aun así seguir siendo feliz? ☐ ☐

46. Cuando sientes dolor, ¿eres capaz de interiorizarlo, soltarlo y aprovecharlo de alguna manera? ☐ ☐

47. ¿La aprobación de los demás es algo accesorio y no necesario para ser quien eres y tener lo que tienes? ☐ ☐

48. ¿Te aceptas tal y como eres y, por lo tanto, aceptas a los demás tal y como son sin pretender cambiarlos? ☐ ☐

49. ¿Sientes agradecimiento por todo, tanto lo bueno como lo malo? ☐ ☐

50. ¿Sientes orgullo de lo que eres y lo que has alcanzado, y serías capaz de enamorarte de alguien como tú? ☐ ☐

## Resultado

Suma todas las respuestas afirmativas:

- **15-25 respuestas afirmativas:** ¡Enhorabuena! Estás muy cerca de ser tu mejor versión, tu Yo más verdadero. Sigue conduciendo tu vida así y muy pronto llegarás a la meta.

- **10-15 respuestas afirmativas:** ¡Muy bien! Parece que estás en el camino adecuado en busca de tu esencia y, sin duda, lo vas a conseguir. ¡Ánimo y recuerda que lo importante es disfrutar del camino!

- **0-10 respuestas afirmativas:** Aún estás comenzando a descubrir tu camino, te esperan un montón de aventuras, enseñanzas y satisfacciones. Sigue adelante, sin prisa pero sin pausa, ¡te esperan un montón de sorpresas!

## Agradecimientos

A mis hijos, Mateo, Hugo y Daniela, por ser cada día mi fuente inagotable de combustible.

A mí misma (¡qué pocas veces nos agradecemos!), por superar el miedo a tomar la carretera en solitario y tener el valor de elegir mi propia ruta y decidir mi destino.

A mis amigos y familia en general (¡mi escudería!), por ser mis copilotos en este emocionante viaje.

A Penguin Random House, por ser mi GPS en momentos de desorientación y marcar mi itinerario.

A mi amigo Nacho, ingeniero de automoción, por ser mi manual técnico sobre Ferrari.

Al padre de mis hijos, por dejar (sin saberlo) la puerta del garaje abierta al salir.

Y muy en especial a mi amigo Tino, no solo por compararme, hace ya muchos años (y en ese momento no lo entendí), con un Ferrari en un garaje, sino por enseñarme a pisar el acelerador sin miedo y a enfocarme en la meta. Nadie sino él podía escribir el prólogo de este libro.

A todos ellos, mi más grande y sincero agradecimiento por iluminar mi camino.